Lust auf ...

Fisch

Lust auf ...

Fisch

Linda Doeser

EDITION
LEMPERTZ

Mathias Lempertz GmbH
Hauptstr. 354
53639 Königswinter
Tel.: 02223 / 900036
Fax: 02223 / 900038

Deutsche Ausgabe:

Englische Originalausgabe:

Original title: FABULOUS FISH IN MINUTES

Printed and bound in Italy

ISBN: 978-3-941557-01-7

INHALT

Einleitung

Fisch ist das optimale Fast Food - seine feste Struktur und der köstliche Geschmack machen ihn zum perfekten Lebensmittel für schnelle und leichte Mahlzeiten. Die meisten Gerichte dieses Buches können in zwanzig Minuten und weniger fertig gestellt werden.

Die Auswahl an Fischen und Meeresfrüchten ist groß und die Möglichkeiten der Zubereitung sind enorm. Schnell gekocht bedeutet nicht einfach nur gebraten oder gegrillt – obwohl gebratene Knoblauchsardinen, panierte Garnelen, Fischsteaks mit Senfsoße und grüne Muscheln Beispiele für diese Kocharten sind, die das Wasser im Mund zusammenlaufen lassen. Fisch kann pochiert, gedämpft, gebacken, frittiert und als Füllung verwendet werden, zu Pasta, Käse, vielen Kräutern und Gewürzen und ergibt wundervolle Salate und köstliche Suppen.

Die Rezepte sind in vier Kapitel eingeteilt. Suppen und Vorspeisen beinhalten Traditionelles – wie Venusmuschel-Gemüse-Suppe sowie Ungewöhnliches wie Seezunge mit Limettenmayonnaise. Die Fischgerichte bieten von Mais-Tunfisch-Bällchen über Lachs mit grünem Pfeffer, sizilianischen Spagetti mit Sardinen bis zum Schnapper mit Koriandersalsa für jeden Geschmack etwas. Die Meeresfrüchtegerichte beinhalten thailändischen grünen Garnelencurry, gedämpfte Chilimuscheln – alles wahrhaft Festgerichte, dabei in wenigen Augenblicken zubereitet. Ähnlich demonstrieren die Salatrezepte die Vielfalt und Vielseitigkeit von Fischen und Meeresfrüchten, z. B. warmer Lachssalat, Melonen- Krebs-Salat, Garnelensalat mit Currysoße. Ein hilfreicher Einleitungsteil informiert über Fisch und Meeresfrüchte, Einkauf und Aufbewahrung und bietet Schritt-für-Schritt-Anleitungen für einige Grundtechniken. Ratschläge und Tipps durch das Buch hindurch sorgen für weitere Ideen und Informationen.

Fisch- und Meeresfrüchte

Nach ihrer Herkunft werden Fische unterschieden in Süßwasser- und Meerwasserfische, und letztere wiederum nach ihrer Körperform in Rund- und Plattfische. Zu den Meeresfrüchten gehören Schalen- und Krustentiere und Tintenfische.

Anchovis (auch Sardelle)
Ein Rundfisch, der zur Heringsfamilie gehört. Anchovis sind silbrig und ca. 15 cm lang. Frische Anchovis sind meist gar nicht, ganze salzige gelegentlich erhältlich. Anchovis in Dosen sind in Salz eingelegt.

Bonito
Der Rundfisch ist mit dem Tunfisch verwandt, ist silbrig gestreift und kann bis zu 90 cm lang werden. Frische Steaks und Filets sind gelegentlich erhältlich, meistens wird er in Dosen verkauft. Bonitoflocken werden in der japanischen Küche verwendet und sind in manchen asiatischen Supermärkten erhältlich.

Engelbarsch
Ein Rundfisch, der selten im Ganzen verkauft wird, u. a. wegen seines riesigen, hässlichen Kopfes. Normalerweise kommt er als Engelbarschschwanz auf den Markt – mit einem Gewicht zwischen 675 Gramm und 1,4 Kilo.

Forelle
Es gibt viele Sorten dieses Süßwasserfisches, von braun bis zu regenbogenfarbig. Braune Forellen sind gewöhnlich ca. 30 cm lang und schmecken intensiver, sind jedoch schwerer erhältlich. Regenbogenforellen schillern und haben rosa Fleisch. Sie werden viel gezüchtet und ganz oder als Filet verkauft. Geräucherte Forelle ist weit verbreitet, ganz oder als Filet erhältlich und muss weiterverarbeitet werden.

Garnelen
Hier herrscht Sprachverwirrung, mal heißen sie Shrimps, mal Scampi. Auch unsere Nordseekrabben gehören hierher. Diese Familie der Krustentiere zählt zu den Krebstieren, ist zwischen 5 bis 23 cm groß und in der Farbe von blau über rosa bis braun. Garnelen kann man roh oder gekocht, frisch oder gefroren kaufen.

Heilbutt
Heilbutt ist ein sehr großer Plattfisch, der normalerweise als Steaks oder Filets verkauft wird. Geräucherter Heilbutt ist entweder als ganze Seite oder in dünnen Scheiben erhältlich. Er braucht nicht weiter gekocht zu werden.

Hering
Ein runder, silbriger Fisch mit hohem Fettgehalt, er wird ca. 25 cm lang. Er ist ganz und als Filet erhältlich und kann auf vielerlei Art zubereitet werden. Geräucherter Hering – Bückling – ist weit verbreitet und wird ganz oder als Filet verkauft, das ohne weitere Zubereitung gegessen werden kann. Typisch deutsch: der Matjes.

Kabeljau
Zur Familie dieser Rundfische zählen auch Schellfisch und Seehecht. Kabeljau kann bis zu 120 cm lang werden. Er ist als Steak, Schnitzel und Filet erhältlich. Junger ganzer Kabeljau heißt bei uns Dorsch. In England sind geräucherter – oft gepökelt und gefärbt – und gesalzener Kabeljau Spezialitäten.

Kammmuscheln
Eine Muschel in Fächerform, die in ihrer Größe zwischen 7,5 – 18 cm variieren. Es gibt viele Sorten, die alle mit und ohne Schale, frisch oder gefroren, erhältlich sind. Orangefarbene Koralle oder Rogen gilt als Delikatesse.

Kliesche
Ein Plattfisch wie Scholle. Die grobhäutige Kliesche kann ein Gewicht zwischen 225 und 675 g haben.

Knurrhahn
Ein Rundfisch - roter Knurrhahn ist der beliebteste, es gibt auch gelbe und graue Sorten. Der Fisch wiegt um 1 kg und ist als Steak erhältlich.Der ganze Fisch wiegt um 1 kg und ist als Steak erhältlich.

Krebse
Es gibt Hunderte von Arten in verschiedenster Größe und Farbe. Fast alle haben harte Schalen und viele große Zangen. Frische Krebse können lebend (bei uns: Flusskrebse) oder gekocht gekauft werden. Das Fleisch wird unterteilt in braunes aus dem Innern der Schale und weißes aus Beinen und Zangen; TK- und Dosen-Krebsfleisch ist überall im Handel.

Lachs
Ein runder Süßwasserfisch, der zur Nahrungssuche ins Meer schwimmt und zum Laichen in die Flüsse zurückkehrt. Frischer Lachs, der meist aus Norwegen oder

Zuchtlachs zu uns kommt, wird ganz, als Steak, Schnitzel oder Filet verkauft. Wildlachs aus dem Atlantik wird nur noch sehr selten, und dann oft "gefälscht" angeboten. Zuchtlachs hat eine nicht so feste Strukur und ist weniger aromatisch. Räucherlachs wird als ganze Seite oder in dünnen Scheiben angeboten und kann so gegessen werden.

Lachsforelle
Ein Rundfisch, auch Meeresforelle genannt. Es ist ein Süßwasserfisch, der sich im Meer ernährt und zum Laichen ins Süßwasser zurückkehrt. Er ähnelt sehr der braunen Forelle. Geräucherte Lachsforelle ist zunehmend als ganze Seite oder in Scheiben erhältlich und bedarf keiner weiteren Zubereitung. Gut im Angebot: norwegische Eismeerforelle, die sozusagen halbwild gezüchtet wird.

Limande
Ein recht großer Plattfisch mit einer marmorierten Oberfläche und einer blassen Unterseite. Kleinere Fische werden meist im Stück verkauft, größere entweder ganz oder als Filets.

Makrele
Ein schillernder blau-grauer Rundfisch bis zu 675 Gramm, der meist im Ganzen verkauft wird. Geräucherte Makrelen sind ganz oder als Filets sehr beliebt, man kann sie ohne weitere Zubereitung essen.

Meerbarbe
Ein Rundfisch, der in zwei Arten erhältlich ist; die rötere und süßere Sorte ist bei uns auch als Goldbarbe bekannt. Sie wird gewöhnlich im Ganzen verkauft.

Meerbrasse
Sie gehört zu den Rundfischen, in der Farbe von dunkelgrau bis dunkelrot, die letztere Sorte ist als Rotbrasse bekannt. Sie wiegt bis zu 900 g, meist wird sie ganz verkauft, aber auch als Filet.

Miesmuscheln
Sie variieren sehr in Größe und Farbe: Die Schalen können dunkelblau, schwarz oder grün umrandet sein. Lebende Muscheln sind meist problemlos erhältlich.

Sardine
Sardinen sind eine Jugendform, die kleinen Exemplare des dünnen, silbrigen Fisches, sie wiegen etwa 115 Gramm (ältere Exemplare: Pilchard) und sind als Ölsardinen weit verbreitet. Sardinen haben viele kleine, feine Schuppen, die vor dem Kochen abgeschrubbt werden sollten.

Schellfisch
Er gehört zur Kabeljaufamilie und wird nur etwa 60 cm groß. Im Handel gewöhnlich als Schnitzel, Steak oder Filet. Im angelsächsischen Raum sehr beliebt: geräucherter Schellfisch.

Schnapper
Die Snapperfamilie gehört zu den Rundfischen, ist zwischen 15 – 90 cm groß und in der Farbe von rot über orange bis zu pink. Er ist ganz und als Filet erhältlich.

Scholle
Ein Plattfisch mit orangefarbenen Punkten auf der Oberfläche. Er wird bis zu 45 cm lang und wird ganz oder als Filet verkauft.

Seebarsch
Ein dunkelgrauer Rundfisch, der um die 9 Kilo wiegen kann, wird meist im Ganzen verkauft und gekocht. Die stachelige Rückenflosse und die Schuppen müssen vor dem Zubereiten entfernt werden.

Seehecht
Ein Rundfisch, der bis zu 60 cm lang wird. Er wird hauptsächlich ganz oder als Filet verkauft, manchmal auch als Steaks, die aus großen Stücken herausgeschnitten wurden.

Seezunge
Als Plattfisch wird die Seezunge in vielen klassischen Rezepten verwendet. Die Unterseite ist weich und die Oberfläche ist gewöhnlich leicht bräunlich. Sie wird meist im Ganzen oder als Filet verkauft.

Sprotte
Diese kleinen, runden Fische sind ca. 5 – 10 cm lang. Sie werden als ganze Fische verkauft. Durch ihren hohen Fettgehalt eignen sie sich ganz besonders gut zum Räuchern.

Tintenfisch
Er fällt unter die Bezeichnung Meeresfrüchte und gehört zur Octopusfamilie. Tintenfische sind zwischen 5 bis 25 cm groß, werden im Ganzen und fertig zubereitet verkauft, frisch und gefroren.

Tunfisch
Ein großer Rundfisch der Makrelenfamilie, dessen Gewicht zwischen 675 Gramm und 450 Kilo liegen kann. Frischer Tunfisch wird meist als Steak verkauft. Vor allem kennen wir Tunfisch in der Dose in Öl oder in Salzwasser.

Venusmuscheln
Es gibt sie in vielen Variationen und Größen: von 2,5 – 12 cm. Sie sind frisch oder in Dosen erhältlich.

Kaufen und Aufbewahren

Eine elastische, leuchtende Haut, schillernde Farbe, rosa Kiemen und volle, glänzende Augen mit durchsichtiger Hornhaut sind die Zeichen eines frischen Fisches; vor allem aber der frische angenehme Duft nach Meer.
Idealerweise sollte Fisch am gleichen Tag gekauft, gekocht und gegessen werden. Er hält sich im Kühlschrank höchstens einen Tag (in Folie, damit der Geruch nicht auf andere Nahrungsmittel übergeht; vor Gebrauch gut abspülen).
Schalentiere und Krustentiere verderben schnell. Verlassen Sie sich auf Ihre Nase - der Geruch signalisiert, wenn sie nicht frisch sind.
Flusskrebse werden bei uns gelegentlich lebend angeboten, in der Regel bekommen Sie Krebse fertig gekocht.
Wer lebende Schalentiere zubereitet, muss alle mit beschädigten Schalen und solche, die sich bei leichtem Antippen nicht schließen, aussortieren: Sie sind tot und würden das Gericht verderben.
Nach dem Kochen ist es anders herum: Nur geöffnete sind essbar, noch geschlossene wegwerfen.
Nicht lebende Meeresfrüchte am Kauftag kochen und essen.

Pochieren

Das Garziehen bei leicht siedender Flüssigkeit führt zu saftigen Resultaten; sowohl ganze Fische sowie Schnitzel und Steaks sind dafür geeignet. Pochierter Fisch kann heiß oder kalt serviert werden. Gut als Basis für eine Soße: die Pochierflüssigkeit.

1 Pochieren im Ofen von kleinem ganzen Fisch, Filets, Schnitzel oder Steaks: Fisch in eine gebutterte, feuerfeste Form legen, die groß genug ist, dass alle Stücke nebeneinander liegen können. So viel Flüssigkeit hineingießen, dass der Fisch zu 2/3 bedeckt ist.

2 Gewürze dazugeben. Ein Stück gebuttertes Pergamentpapier darauf legen, um die Feuchtigkeit zu erhalten.

3 Die Form bei niedriger Hitze auf den Herd stellen und gerade zum Kochen bringen. Dann in einen auf 180 Grad Gas 4 vorgeheizten Ofen stellen gar ziehen lassen. Zum Überprüfen mit einem scharfen Messer an der dicksten Stelle einen kleinen Schnitt bis auf die Gräte machen: Das Fleisch sollte leicht durchsichtig sein.

4 Pochieren von ganzen Fischen, Filets, Schnitzel oder Steaks: Den ganzen Fisch auf einem Einsatz in einen Fischtopf oder auf ein Stück Musselin legen, das wie eine Hängematte verwendet wird. Kleine ganze Fische, Schnitzel und Steaks können im Fischtopf auf einem Einsatz direkt in einem breiten Topf oder einer Pfanne pochiert werden.

5 Vorbereitete Pochierflüssigkeit - Wasser, Milch, Wein oder Brühe - in einen Fischtopf oder in anderes geeignetes Gefäß geben. Das Gestell in den Topf oder das Tuch in die Kasserolle oder den Schmortopf legen. Bei Bedarf mehr Flüssigkeit zugeben.

6 Die Flüssigkeit zugedeckt gerade zum Kochen bringen. Hitze reduzieren und sehr sanft köcheln lassen, bis der Fisch gar ist.

Dämpfen

Diese feucht-heiße Kochmethode passt gut zu Meeresfrüchten und Fisch. Einen Dämpftopf kann man auch leicht improvisieren.

1 Den Fisch im Dämpfkochtopf auf das Gestell legen und über kochendes Wasser stellen. Zugedeckt dämpfen, bis er gar ist.

2 Dämpfen nach chinesischer Art: Den Fisch auf einen hitzebeständigen Teller legen, der in einen Bambusdämpftopf oder Wok passt. Den Teller auf den Dämpftopf oder auf den Einsatz des Woks über kochendes Wasser stellen. Zugedeckt dämpfen, bis er gar ist.

3 Größere Fische und Filets dämpfen: Fisch auf einem Gestell in einen Schmortopf mit kochendem Wasser geben oder auf einen Teller auf einen Rost legen. Gut mit Folie zugedeckt dämpfen.

4 Dämpfen in Folie: Fisch mit Gewürzen in Folie wickeln, gut verschließen und auf einen Rost in einen Topf mit kochendem Wasser legen. Dämpfen, bis er gar ist.

Grillen

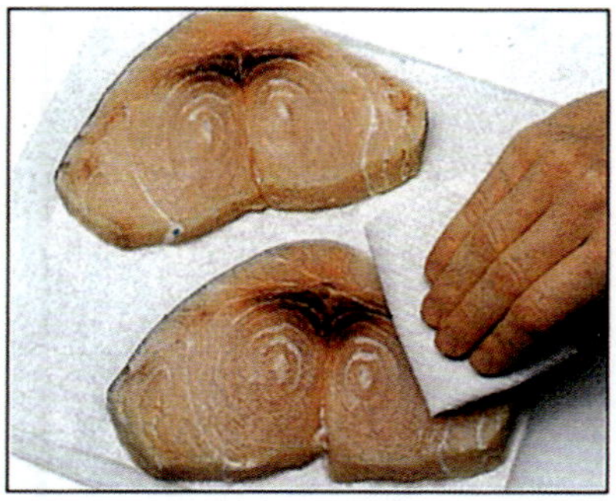

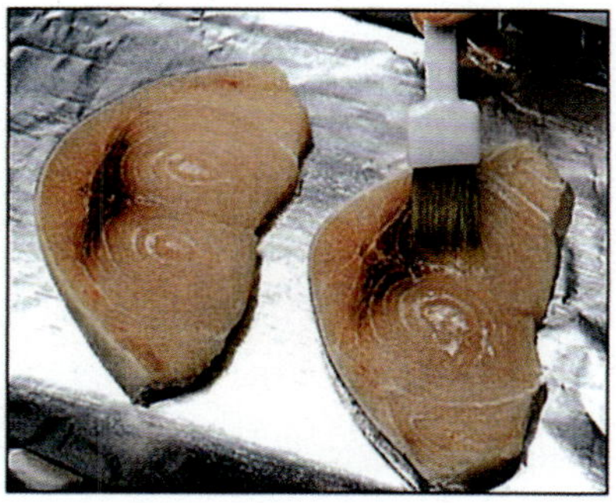

1 Grillen von kleinem ganzem fetthaltigem Fisch ohne Gräten, Filets, Schnitzel oder Steaks, die mindestens 1 cm dick sind, oder Schaschlikstäbchen: Fisch abspülen und mit Küchenpapier trockentupfen. Je nach Rezept den Fisch marinieren.

2 Den Grill mit der Auffangschale erhitzen. Wenn er heiß ist, die heiße Form mit Öl auspinseln. Den Fisch mit der Hautseite nach unten legen und nach Rezept – mit Butter, Öl oder einer Würzmischung – bepinseln.

3 Den Fisch unter den Grill, 7,5–10 cm von der Glut entfernt, legen - dünne Stücke näher und für kürzere Zeit als dickere. Grillen, bis der Fisch gar ist, ihn dabei – je nach Rezept – ein- oder zweimal bestreichen und wenden.

4 Magere kleine ganze Fische, Steaks, Schnitzel und Filets, die mindestens 1 cm dick und wie oben vorbereitet sind, in eine gebutterte ofenfeste Form legen. So viel Flüssigkeit dazugeben, dass der Boden gerade bedeckt ist. Den Fisch mit Butter, Öl oder Würzmischung bestreichen und ihn wie eben beschrieben grillen, ohne ihn umzudrehen.

Panieren und Frittieren

1 Ein Ei in einer flachen Schüssel leicht verschlagen. Mehl auf einen Teller oder ein Stück Papier streuen, Salz und Pfeffer oder im Rezept genannte Gewürze dazugeben. Auf einem anderen Teller oder Papier feines Paniermehl oder Semmelbrösel streuen.

2 Große Fischstücke zuerst im gewürzten Mehl wälzen, beide Seiten leicht und gleichmäßig bestäuben. Überflüssiges Mehl abklopfen.

3 Den bemehlten Fisch in das verschlagene Ei tunken, beide Seiten gleichmäßig befeuchten.

4 Fisch in die Brösel geben, festdrücken, damit die Brösel hängen bleiben. Überflüssige Brösel abklopfen. Für 20 Minuten in den Kühlschrank stellen, damit sich die Panade setzen kann.

5 Panieren von kleinen Fischstücken, Filetstreifen oder Garnelen: Die Brösel in einen Gefrierbeutel geben. In gewürztes Mehl und Ei tunken, dann jeweils ein paar Stücke in die Tüte geben.

6 Braten in der Pfanne: So viel Öl oder eine Mischung aus Öl und Butter in eine Pfanne geben, dass der Boden gerade bedeckt ist, erhitzen. Wenn es sehr heiß ist, den Fisch hineinlegen und braten, bis er auf beiden Seiten goldbraun und gar ist. Vor dem Servieren auf Küchenpapier abtropfen lassen.

7 Zum Frittieren einen tiefen Topf bis zur Hälfte mit Öl füllen und auf 190 Grad erhitzen. Die panierten Stücke portionsweise hineingleiten lassen. Zum gleichmäßigen Garen gelegentlich umdrehen. Frittieren, bis sie goldbraun sind. Herausnehmen und vor dem Servieren auf Küchenpapier gut abtropfen lassen.

Suppen & Vorspeisen

Mais-Krebsfleisch-Suppe

Surimi als preiswerte Alternative zu Krebsfleisch bekommen Sie in der Lebensmittelabteilung großer Warenhäuser, in Asienläden oder in Feinkostgeschäften.

ZUTATEN

4 Portionen

115 g Krebsfleisch oder Surimi
2 Tl fein gehackte frische Ingwerwurzel
2 Eiweiß
2 El Milch
1 El Maismehl
600 ml Gemüse- oder Hühnerbrühe
Salz und Pfeffer zum Abschmecken
225 g Maiskörner aus der Dose
fein gehackte Frühlingszwiebeln zum Verzieren

1 Das Krebsfleisch zerkleinern (Surimi auseinander pflücken) und mit dem Ingwer mischen.

2 Das Eiweiß schaumig schlagen, Maismehl in die Milch rühren und zum Eiweiß geben. Erneut schlagen, bis es cremig wird. Mit Krebsfleisch oder Surimi mischen.

3 In einem Wok oder Kochtopf die Brühe zum Kochen bringen. Die Maiskörner zugeben, wieder zum Kochen bringen.

4 Die Krebsfleisch-Eiweiß-Mischung in die Brühe rühren, die Gewürze zufügen. Sorgfältig verrühren, bis alles gut vermischt und gar gezogen ist. Die Suppe mit den Frühlingszwiebeln garniert servieren.

Krebs-Nudel-Brühe

Diese köstliche Brühe ist die perfekte Lösung, wenn man hungrig ist und etwas Schnelles, Nahrhaftes und Füllendes braucht.

ZUTATEN

4 Portionen

75 g feine Eiernudeln
25 g ungesalzene Butter
1 kleines Bund Frühlingszwiebeln, gehackt
1 Selleriestange, in Scheiben
1 mittelgroße Karotte, geschält und in Stäbchen geschnitten
1,2 l Hühnerbrühe
4 El trockener Sherry
115 g weißes Krebsfleisch, frisch oder TK
je eine Prise Selleriesalz und Cayennepfeffer, 2 Tl Zitronensaft
1 kleines Bund Koriander oder Petersilie, zum Verzieren

1 In einem großen Topf Wasser zum Kochen bringen. Die Eiernudeln hineingeben und nach Packungsanweisung kochen. Unter kaltem Wasser kühlen und so lange wie vorgeschrieben im Wasser lassen.

2 Die Butter in einem anderen großen Topf erwärmen, das vorbereitete Gemüse dazugeben. Zugedeckt bei milder Hitze 3-4 Minuten garen.

3 Hühnerbrühe und Sherry dazugeben, zum Kochen bringen, die Temperatur niedriger stellen und weitere 5 Minuten köcheln lassen.

4 Wer TK-Krebsfleisch verwendet, muss es zuerst auftauen lassen. Das Krebsfleisch zwischen den Fingern auf einen Teller zerpflücken und Schalenstückchen entfernen.

5 Nudeln abtropfen lassen und zusammen mit dem Krebsfleisch zur Brühe geben, mit Selleriesalz, Cayennepfeffer und Zitronensaft abschmecken. Wieder zum Köcheln bringen.

6 Die Suppe in flache Suppenteller schöpfen, mit den grob gehackten Kräutern verzieren.

Venusmuschel-Gemüse-Suppe

Statt frischen Muscheln können Sie welche aus Glas nehmen.

ZUTATEN

4 Portionen

300 g Creme double
75 g ungesalzene Butter
1 kleine Zwiebel, fein gehackt
1 Apfel, in Scheiben
1 gepresste Knoblauchzehe
3 El mildes Currypulver
350 g Babymaiskolben
600 ml Fischbrühe
225 g Kartoffeln, geschält und gekocht
24 Perlzwiebeln
40 kleine, frische Venusmuscheln
Salz und frisch gemahlener Pfeffer
8 Limettenspalten, zum Verzieren

1 Creme double in einen Topf geben und bei hoher Temperatur auf die Hälfte einkochen.

2 Butter in einem anderen Topf schmelzen. Zwiebel, Apfel, Knoblauch und Curry dünsten, bis die Zwiebel durchsichtig, aber nicht braun ist. Reduzierte Creme double einrühren.

3 Die restliche Butter in einem anderen Topf schmelzen. Die Maiskolben zugeben und 5 Minuten kochen. Die Hitze erhöhen, Creme-Mischung und Brühe zufügen und zum Kochen bringen.

4 Kartoffeln, Perlzwiebeln und Muscheln zugeben. Zugedeckt kochen, bis sich die Muscheln öffnen. Nicht geöffnete Muscheln wegwerfen. Gut würzen und mit Limettenspalten verziert servieren.

Meeresfrüchtesuppe mit Rouille

Eine aromatische Fischsuppe der Provence, mit viel Safran und Kräutern gewürzt. Rouille ist eine scharfe, feurige Paste, die getrennt serviert wird und die sich jeder nach Geschmack in die Suppe mischt. Rouille bedeutet Rost und beschreibt die leuchtend rote Farbe der Suppe, die durch Chili und Pfeffer entsteht.

ZUTATEN

6-8 Portionen

3 Knurrhahn- oder Meerbarbenfilets
12 rohe oder gekochte Garnelen
675 g weißes Fischfilet, z. B. Kabeljau, Schellfisch, Heilbutt oder Engelbarsch
225 g frische Muscheln
1 Tl Safranfäden
5 El Olivenöl
1 Fenchelknolle, grob gehackt
4 gepresste Knoblauchzehen
3 Streifen Orangenschale
4 Thymianzweige
1,2 l Fischbrühe
400 g gehackte Tomaten
2 El Tomatenpaste
3 Lorbeerblätter
Salz und frisch gemahlener Pfeffer

Für die Rouille

1 rote Paprikaschote, grob gehackt
1 rote Chilischote, entkernt und in Scheiben geschnitten
2 gehackte Knoblauchzehen
5 El Olivenöl
15 g Semmelbrösel

1 Zuerst die Rouille zubereiten. Paprikaschote, Chili, Knoblauch, Öl und Brösel in eine Küchenmaschine geben und durchmixen, bis eine glatte Soße entsteht. Die Rouille in eine Schüssel geben und bis zum Gebrauch kühl stellen.

2 Knurrhahn- oder Seebarbenfilets in große Stücke schneiden. Die Hälfte der Garnelen schälen. Die weißen Fischfiletstücke enthäuten, Gräten entfernen, das Fleisch in große Stücke schneiden. Die Muscheln unter kaltem Wasser abschrubben, beschädigte und solche, die sich nicht gleich schließen, wenn man sie leicht antippt, wegwerfen.

3 Die Safranfäden in 1 EL kochendem Wasser einweichen. Inzwischen 2 El Olivenöl in einer großen Pfanne oder Topf erhitzen. Alle Fischstücke dazugeben und bei großer Hitze 1 Minute braten. Herausnehmen und abtropfen lassen.

4 Restliches Öl zugeben und erhitzen. Fenchel, Knoblauch, Orangenschale und Thymian zufügen und unter gelegentlichem Rühren dünsten, bis Fenchel und Knoblauch Farbe annehmen.

5 Fischbrühe mit Safran und der Einweichflüssigkeit, Tomaten, Tomatenpaste und Lorbeer in die Pfanne geben, salzen und pfeffern. Die Brühe fast zum Kochen bringen, die Hitze reduzieren, zugedeckt 15 Minuten köcheln lassen.

6 Alle Fischstücke, geschälte und ungeschälte Garnelen und die Muscheln hineinrühren. Zugedeckt 3-4 Minuten kochen lassen. Muscheln, die sich nicht geöffnet haben, entfernen. Die Suppe heiß mit der Rouille servieren.

KOCH-TIPP

Wer eine mildere Beilage vorzieht, kann eine genauso authentische Soße der Provence - Pistou - verwenden. Sie ähnelt dem italienischen Pesto. 2 sehr reife große Tomaten schälen und das Fleisch grob hacken. Tomatenfleisch zusammen mit 5 Knoblauchzehen, 25 g frischen Basilikumblättern und 75 g frisch geriebenem Parmesan zerstoßen. In eine Schüssel geben und nach und nach 4 El Olivenöl so unterrühren, bis es ganz aufgenommen ist. Sie können auch mit einer Küchenmaschine die Zutaten zu einem glatten Brei rühren und dann bei laufendem Motor das Olivenöl langsam zugeben. Pistou vor dem Servieren in die Suppe geben.

Frittierte Sprotten

Eine würzige Panade gibt diesem Gericht den knusprigen Biss.

ZUTATEN

6 Portionen

115 g Mehl

½ Tl Currypulver

½ Tl gemahlener Ingwer

½ Tl gemahlener Cayennepfeffer

etwas Salz

1 kg frische Sprotten

Pflanzenöl, zum Frittieren

Zitronenspalten, zum Verzieren

1 Mehl, Gewürze und Salz in einer großen Schüssel mischen.

2 Die Fische damit bestreichen, überflüssiges Mehl abklopfen.

3 Das Öl in einem großen Topf mit schwerem Boden auf 190 Grad erhitzen. Die Fische portionsweise in 2-3 Minuten goldfarben knusprig frittieren.

4 Auf saugfähigem Küchenpapier gut abtropfen lassen. Mit den Zitronenspalten verzieren und heiß servieren.

Geräucherte Lachspfannkuchen

Diese einfachen Pfannkuchen sind ideal für besondere Gelegenheiten, und sie sind in 10-15 Minuten fertig. Räucherlachs mit Basilikum schmeckt hinreißend und verträgt sich gut mit Pinienkernen und Crème fraîche.

ZUTATEN

Ergibt 12-16 Stück

120 ml Milch

1[illegible]5 g Mehl, ½ Tl Backpulver

1 Ei

2 El Pestosoße (aus dem Glas)

Pflanzenöl, zum Braten

75 g geräucherter Lachs

15 g geröstete Pinienkerne

Salz und Pfeffer, zum Abschmecken

12-16 Basilikumzweige, zum Verzieren

1 In eine Schüssel Hälfte der Milch gießen. Mehl, Backpulver, Ei, Pesto, Gewürze zugeben und zu einem Teig verarbeiten.

2 Restliche Milch unter Rühren in den Teig einarbeiten.

3 Das Öl in einer großen Pfanne erhitzen. Mit einem Esslöffel Teighäufchen abnehmen und in das erhitzte Öl legen. Die Pfannkuchen ca. 30 Sekunden gehen lassen, umdrehen und kurz auf der anderen Seite backen. Warm halten. Portionsweise weiterbacken, bis der Teig aufgebraucht ist.

4 Pfannkuchen auf einem Teller anordnen und je einen Löffel Crème fraîche darauf geben.

5 Lachs in 1 cm breite Streifen schneiden und auf die Pfannkuchen legen. Die Pfannkuchen jeweils mit Pinienkernen und einem Basilikumzweig verzieren.

Sautierte Kammmuscheln

Zu Kammmuscheln passt fast jede Soße. Aber ohne alles, schlicht gekocht, schmecken sie am besten.

ZUTATEN

2 Portionen

500 g geschälte Kammmuscheln

25 g Butter

2 El trockener weißer Wermut

1 El fein gehackte frische Petersilie

Salz und schwarzer Pfeffer

1 Die Muscheln unter fließend kaltem Wasser abspülen und mit Küchenpapier trockentupfen. Leicht salzen und pfeffern.

2 In einer großen Pfanne, die groß genug ist für alle Muscheln, die Hälfte der Butter erhitzen, bis sie braun wird. Die Kammmuscheln 3-5 Minuten braten, bis sie auf beiden Seiten goldbraun und noch fest sind. Zugedeckt warm halten.

3 Wermut in die heiße Pfanne geben, die restliche Butter hineinrühren, Petersilie dazugeben und die Soße über die Kammmuscheln gießen. Sofort servieren.

Knoblauch-Muschel-Garnelen

Kammmuscheln und Garnelen findet und genießt man überall entlang der Atlantik- und Mittelmeerküste. Diese Zubereitungsart stammt aus der Provence.

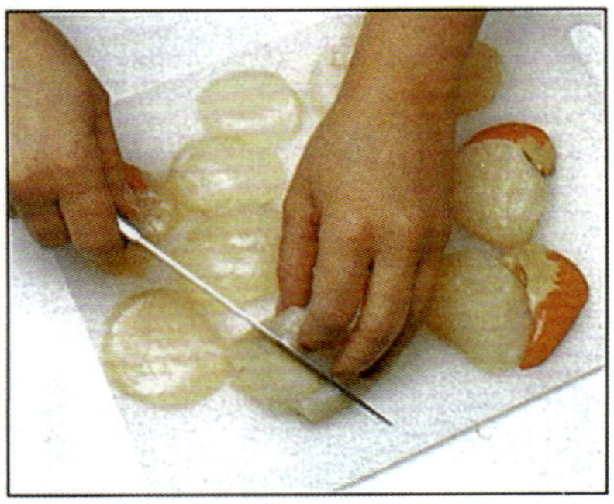

ZUTATEN

2-4 Portionen

6 große geschälte Kammmuscheln

6-8 rohe Garnelen, geschält

Mehl, zum Bestäuben

2-3 El Olivenöl

1 fein gehackte Knoblauchzehe

1 El gehackter frischer Basilikum

2-3 El Zitronensaft

Salz und frisch gemahlener, schwarzer Pfeffer

1 Muscheln unter fließend kaltem Wasser abspülen, mit Küchenpapier trockentupfen und quer halbieren. Die Muscheln und die Garnelen salzen und pfeffern und leicht mit Mehl bestäuben. Überflüssiges Mehl abklopfen.

2 Öl in einer Pfanne bei großer Hitze heiß werden lassen, Garnelen Muscheln und hineingeben.

3 Temperatur auf mittlere Hitze reduzieren und 2 Minuten kochen lassen, dann Muscheln und Garnelen umdrehen. Knoblauch und Basilikum zugeben. Pfanne schütteln, um alles gleichmäßig zu verteilen. Weitere 2 Minuten kochen, bis die Muscheln goldbraun sind. Mit Zitronensaft beträufeln.

VARIATION

Für eine gehaltvollere Soße gekochte Muscheln und Garnelen auf einen Teller legen. 4 El Weißwein in die Pfanne gießen und auf die Hälfte reduzieren. 15 g ungesalzene Butter zufügen und schmelzen, bis sich die Soße leicht verdickt. Über die Kammmuscheln und die Garnelen schütten und servieren.

Gegrillte grüne Muscheln

Muscheln mit grüner Schale schmecken intensiver als die schwarzen. Tipp: Verwenden Sie die leeren Schalen als Salz- und Pfefferbehälter für ein Fischessen.

ZUTATEN

4 Portionen

3 El frische Petersilie
3 El frischer Koriander
1 gepresste Knoblauchzehe
eine Prise gemahlener Kreuzkümmel
25 g weiche, ungesalzene Butter
25 g Paniermehl
12 grüne Muscheln oder 24 kleine Muscheln auf einer halben Schale
frisch gemahlener, schwarzer Pfeffer
gehackte frische Petersilie, zum Verzieren

1 Petersilie und Koriander fein hacken.

2 Knoblauch, Kräuter, Kreuzkümmel und Butter mit einem Holzlöffel mit zusammen aufschlagen.

3 Das Paniermehl und den Pfeffer in die Butter rühren.

4 Etwas Buttermischung auf jede Muschel geben und 2 Minuten grillen. Mit der Petersilie verziert servieren.

Glasierte Knoblauchgarnelen

Dies ist ein recht einfaches, dabei schnell zubereitetes Gericht. Die Garnelen schälen, dann nehmen sie den Geschmack am besten auf. Mit Salat als Vorspeise servieren oder als Hauptgericht mit Gemüse und anderen Beilagen.

ZUTATEN

4 Portionen

1 El Pflanzenöl
3 grob gehackte Knoblauchzehen
3 gehackte Tomaten
½ Tl Salz
1 Tl getrocknete, rote Chilischote
1 Tl Zitronensaft
1 El Mango-Chutney
1 frische grüne Chilischote, gehackt
15–20 gekochte Riesengarnelen
frische Korianderzweige,
nach Belieben: 4 ungeschälte, gekochte Garnelen und 2 gehackte Frühlingszwiebeln, zum Verzieren

1 In einem mittelgroßen Topf das Öl erhitzen, den Knoblauch zugeben.

2 Die Temperatur herunterstellen und die Tomaten mit Salz, Chili, Zitronensaft, Mango-Chutney und Chilischote dazugeben.

3 Garnelen zugeben, die Hitze erhöhen und unter Rühren braten, bis sie durch und durch erhitzt sind.

4 Auf einen vorgewärmten Teller legen. Mit frischem Koriander und evtl. den ungeschälten Garnelen und Frühlingszwiebeln verzieren und servieren.

KOCH-TIPP

Ein feuriges Gericht – wer es weniger scharf will, entkernt die Chilis vor dem Hacken vorsichtig und nimmt nur eine Prise getrockneten Chili.

Seezungen-Stäbchen

Dieses einfache, schnelle Gericht eignet sich als leichtes Mittag- oder Abendessen.

ZUTATEN

4 Portionen

200 g Mayonnaise
1 kleine gepresste Knoblauchzehe
2 Tl Kapern, abgespült und gehackt
2 Tl gehackte Gewürzgurken
geriebene Schale und Saft einer Limette
1 El fein gehackter, frischer Koriander
675 g Seezungenfilet, ohne Haut
2 verschlagene Eier
115 g frische Semmelbrösel
Öl, zum Frittieren
Salz und frisch gemahlener, schwarzer Pfeffer
Limettenspalten, zum Servieren

1 Für die Limettenmayonnaise Mayonnaise, Knoblauch, Gewürzgurken, Limettenschale und -saft und Koriander miteinander verrühren. Mit Salz und Pfeffer abschmecken. In einer Schüssel kühl stellen.

2 Die Seezungenfilets in fingerlange Stäbchen schneiden. Jeden Streifen zuerst in das Ei, dann in die Brösel tunken.

3 Das Öl in einer Fritteuse auf 180 Grad erhitzen. Den Fisch portionsweise knusprig goldbraun frittieren. Gut auf Küchenpapier abtropfen lassen und warm halten, bis alle fertig frittiert sind.

4 Die Fischstücke auf eine vorgewärmte Platte geben und mit den Limettenspalten servieren. Die Soße getrennt dazu reichen.

Würzige Fischrösti

Man kann diese Fischkuchen heiß als Mittag- oder Abendessen mit Salat servieren.

ZUTATEN

4 Portionen

350 g große, fest kochende Kartoffeln
350 g Lachs- oder Kabeljaufilet, ohne Haut und Gräten
3-4 Frühlingszwiebeln, fein gehackt
1 Tl geriebene, frische Ingwerwurzel
2 El gehackter, frischer Koriander
2 Tl Zitronensaft
2-3 El Sonnenblumenöl
Salz und Cayennepfeffer
Korianderzweige, zum Verzieren
Zitronenspalten, zum Beträufeln

1 Die Kartoffeln in der Schale in Salzwasser 10 Minuten kochen. Abtropfen und einige Minuten abkühlen lassen.

2 Inzwischen das Fischfilet fein hacken und in eine Schüssel geben. Die Frühlingszwiebeln, den Ingwer, Koriander und Zitronensaft hineinrühren. Mit Salz und Cayennepfeffer abschmecken.

3 Wenn die Kartoffeln abgekühlt sind, sie schälen und reiben. Vorsichtig unter die Fischmischung heben.

4 Den Fischteig zu 12 Häufchen formen, zusammendrücken, dabei die Ränder nicht ganz glatt drücken.

5 Das Öl in einer großen Pfanne erhitzen. Die Fischküchlein portionsweise etwa 3 Minuten, bis sie goldbraun und knusprig sind, backen. Auf Küchenpapier abtropfen lassen. Heiß mit den Korianderzweigen verzieren und mit den Zitronenspalten servieren.

Überbackene Käseschnitte mit Anchovis

Klassischer Snack mit salzigen Anchovis kombiniert. Die Soße hält sich nicht lange; deshalb erst kurz vor dem Servieren bereiten.

ZUTATEN

4 Portionen

40 g Anchovis aus der Dose, abgetropft
175 g Butter
6 Brotscheiben, ohne Kruste
4 große Eigelb
300 g Creme double
eine Prise Cayennepfeffer
Salz und schwarzer Pfeffer
1 El gehackte frische Petersilie, zum Verzieren

1 In einer Küchenmaschine die Anchovis mit zwei Drittel der Butter verrühren. Das Brot toasten und mit der Anchovisbutter bestreichen, beiseite stellen und warm halten.

KOCHTIPP

Wem Dosenanchovis zu salzig sind, kann sie vor der Verarbeitung mit der Butter in kaltem Wasser einweichen.

2 Restliche Butter in einem kleinen Topf mit schwerem Boden schmelzen und die Eigelb hineinschlagen.

3 Topf vom Herd nehmen und Creme double zugeben. Würzen, die Hitze verringern. Unter ständigem Rühren Soße dicklich werden lassen. Soße über den Toast gießen und mit Cayennepfeffer bestreuen. Mit Petersilie verzieren.

Meeresfrüchte mit Koriandersoße

Die Wasserkastanien geben der Füllung in den Nudelblättern einen festen Biss.

ZUTATEN

4 Portionen

225 g gekochte Garnelen, küchenfertig

115 g weißes Krebsfleisch

4 Wasserkastanien aus der Dose, fein gewürfelt

1 fein gehackte Frühlingszwiebel

1 kleine, grüne Chilischote, entkernt und fein gehackt

1/4 Tl geriebene frische Ingwerwurzel

1 Ei, getrennt

20–24 Wan-Tan-Nudelblätter (Asienladen)

Salz und schwarzer Pfeffer

Korianderblätter, zum Verzieren

Für die Koriandersoße

2 El Reisessig

1 El gehackter, eingemachter Ingwer

6 El Olivenöl

1 El Sojasoße

3 El gehackter Koriander

2 El fein gewürfelter, roter Paprika

1 Die Garnelen fein würfeln und in eine Schüssel geben. Krebsfleisch, Wasserkastanien, Frühlingszwiebeln, Chili, Ingwer und Eiweiß dazugeben. Mit Salz und Pfeffer abschmecken und gut verrühren.

2 Die Nudelblätter auf ein Brett legen. Etwa 1 Tl Füllung in die Mitte der Hülle geben. Die Ecken der Blätter mit etwas Eigelb bestreichen. Den unteren Teil der Blätter über die Füllung heben. Sanft die Luft herausdrücken und die Blätter als Dreieck schließen.

3 Für eine andere Form die beiden Seitenpunkte über die Füllung bringen, die Punkte übereinander klappen und die Enden fest zusammendrücken. Die Nudelpäckchen so auf ein mit Backpapier ausgelegtes Backblech legen, dass sie nicht zusammenkleben.

4 Einen großen Topf halb mit Wasser füllen und zum Köcheln bringen. Jeweils einige Nudelpäckchen auf einmal hineingeben und für etwa 2-3 Minuten, bis sie an der Oberfläche schwimmen, kochen. Die Hüllen werden, wenn sie gar sind, durchsichtig. Die Wan-Tans mit einem großen Schaumlöffel herausnehmen, kurz abtropfen lassen, dann auf einem Tablett ausbreiten. Warm halten, bis alle Wan-Tans gekocht sind.

5 Für die Koriandersoße alle Zutaten in einer Schüssel zusammenmischen. Die Wan-Tans auf Teller verteilen, mit der Soße beträufeln und mit den Korianderblättern verzieren.

FISCH-GERICHTE

Fischbällchen in Tomatensoße

Diese Fischmahlzeit eignet sich für kleine Kinder, da es keine Gräten gibt. Durch den niedrigen Fettgehalt ist sie auch ideal, wenn Sie kalorien- und cholesterinarm leben wollen. Nach Belieben Chilisoße beträufeln.

ZUTATEN

4 Portionen

450 g weißfleischiges Fischfilet, ohne Haut
4 El Vollkornbrösel
2 El Schnittlauch- oder Frühlingszwiebel, in Röllchen
400 g gehackte Tomaten aus der Dose
50 g kleine Champignons, in Scheiben
Salz, frisch gemahlener, schwarzer Pfeffer
Schnittlauch, zum Verzieren

1 Das Fischfilet in große Stücke schneiden und in die Küchenmaschine geben. Brösel und Schnittlauch oder Frühlingszwiebel dazugeben. Mit Pfeffer und Salz abschmecken und verrühren, bis der Fisch klein gehackt, aber noch stückig ist.

2 Die Fischmischung in ca. 16 gleich große Stücke teilen und mit den Händen zu Bällen formen.

3 Tomaten und Pilze in einen großen Topf geben und bei mittlerer Hitze zum Kochen bringen. Dann die Fischbällchen dazugeben und zugedeckt etwa 10 Minuten köcheln lassen. Mit Schnittlauch verzieren.

KOCH-TIPP

Alle weißfleischigen Fischsorten wie z. B. Kabeljau oder Schellfisch eignen sich gut.

Kabeljau mit Kapernsoße

Die schnelle und leichte Soße mit einem etwas scharfen nussartigen Geschmack ergänzt milderen Fisch sehr wirkungsvoll.

ZUTATEN

4 Portionen

4 Kabeljausteaks, à ca. 175 g

115 g Butter

1 El Essig

1 El Kapern

1 El gehackte frische Petersilie

Salz und schwarzer Pfeffer

Estragonzweige, zum Verzieren

1 Die Kabeljausteaks salzen und pfeffern. 25 g Butter schmelzen und über je eine Seite der Steaks streichen.

2 Den Kabeljau unter dem vorgeheizten Grill 6 Minuten dünsten, wenden, erneut buttern und weitere 5-6 Minuten, bis sich der Fisch leicht zerteilen lässt, dünsten.

3 Inzwischen die restliche Butter erhitzen, bis sie goldbraun wird, aber nicht anbrennen lassen. Den Essig und die Kapern dazugeben und gut verrühren.

4 Die Kapernsoße über den Fisch gießen, mit Petersilie bestreuen und mit den Estragonzweigen verzieren.

KOCH-TIPP

Anstelle der Kabeljausteaks können Sie auch Schellfisch nehmen.

Panierter Fisch mit Tatarsoße

Schmeckt klassisch wie englischer Fisch, wird aber nicht gebraten.

ZUTATEN

4 Portionen

50 g Paniermehl
1 Tl getrockneter Oregano
½ Tl Cayennepfeffer
250 ml Tasse Milch
2 Tl Salz
4 Kabeljaufilet, je ca. 175 g
40 g geschmolzene Butter oder Margarine

Für die Tatarsoße

120 g Mayonnaise
½ Tl Dijonsenf
1-2 Gewürzgurken, fein gehackt
1 El abgetropfte Kapern, gehackt
1 Tl gehackte frische Petersilie
1 Tl gehackter Schnittlauch
1 Tl gehackter frischer Estragon
Salz und schwarzer Pfeffer

1 Eine flache ofenfeste Backform einfetten. Das Paniermehl mit dem Oregano und dem Cayennepfeffer auf einem Teller vermischen. Das Salz in die Milch geben und gut verrühren, damit sich das Salz auflöst.

2 Die Fischfiletstücke in die Salzmilch tunken und mit der Bröselmischung panieren.

3 Den panierten Fisch in die vorbereitete Backform legen und die geschmolzene Butter oder Margarine darüber träufeln.

4 Im auf 230 Grad vorgeheizten Ofen 10-15 Minuten backen, bis der Fisch leicht zerfällt – das können Sie mit einer Gabel testen.

5 Inzwischen alle Zutaten für die Tatarsoße in eine kleine Schüssel geben und alle Zutaten gut vermischen. Die Soße extra zum heißen Fisch servieren.

Fischwürfel mit Paprikagemüse

Mixen Sie verschieden farbige Paprikaschoten: je bunter, desto schöner.

ZUTATEN

2-4 Portionen

450 g Kabeljau oder anderer fester, weißer Fisch
1 1/2 Tl gemahlener Kreuzkümmel
2 Tl Mangopulver
1 Tl gemahlener Koriander
1/2 Tl Chilipulver
1 Tl Salz
1 Tl Ingwerpulver
3 El Maismehl
150 ml Maisöl
3 Paprikaschoten, entkernt und geschnitten

1 Den Fisch häuten und in kleine Würfel schneiden. Die Fischstücke in eine große Schüssel geben, die Gewürze und Maismehl dazugeben. Mit zwei Löffeln oder den Händen gut vermischen, bis der Fisch gleichmäßig bedeckt ist.

2 Das Öl in einer Pfanne erhitzen, die Hitze reduzieren und den Fisch portionsweise ca. 3 Minuten unter ständigem Rühren und Wenden braten.

3 Den Fisch auf Küchenpapier abtropfen lassen. Auf einen Teller geben und warm halten, bis der restliche Fisch gebraten ist.

4 Paprikaschoten in die Pfanne geben und 2 Minuten braten, sie sollten noch etwas fest sein. Auf Küchenpapier abtropfen lassen.

5 Paprikagemüse zum Fisch auf den Teller geben, mit den Tomaten dekorieren und servieren.

Bratfisch mit pikanter Soße

Die Soße gibt dem Bratfisch etwas Besonderes.

ZUTATEN

4 Portionen

1 Ei
3 El Olivenöl
einige Spritzer Zitronensaft
½ Tl fein gehackter, frischer Dill oder Petersilie
4 weißfleischige Fischfilets, z. B. Schellfisch
50 g Mehl
25 g Butter oder Margarine
Salz und frisch gemahlener, schwarzer Pfeffer
gemischter Salat, zum Servieren

Für die Mayonnaise

1 Eigelb
2 El Dijonsenf
2 El weißer Weinessig
2 Tl Paprikapulver
300 ml Oliven- oder anderes Pflanzenöl
2 El Meerrettich aus dem Glas
1 fein gehackte Knoblauchzehe
25 g fein gehacktes Selleriegrün
2 El Tomatenketchup

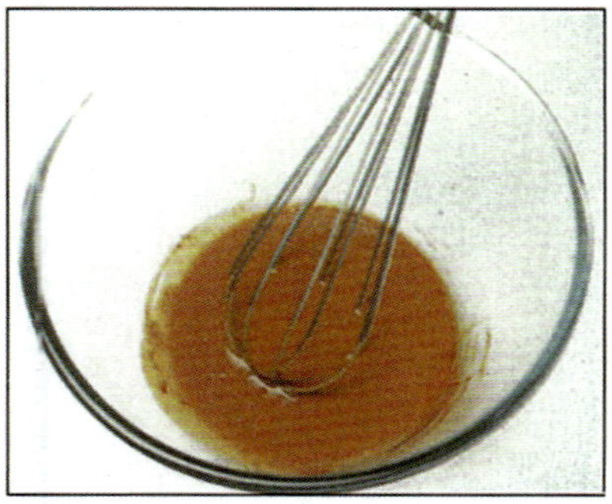

1 Für die Mayonnaise Eigelb, Senf, Essig und Paprikapulver mischen. Das Öl in einem dünnen Strahl zugeben, mit dem Schneebesen schlagen, bis eine feste Creme entsteht.

2 Wenn die Mischung glatt und dick ist, die anderen Zutaten hineinschlagen. Zudecken und bis zum Gebrauch kühl stellen.

3 Das Ei, 1 El Olivenöl, Zitronensaft, Dill, etwas Salz und Pfeffer in einem flachen Gefäß verrühren und aufschlagen, bis es gut vermischt ist.

4 Beide Fischseiten in die Ei-Kräuter-Mischung tunken, dann die Filets leicht und gleichmäßig mit dem Mehl bestäuben, überflüssiges Mehl abklopfen.

5 Die Butter oder Margarine mit dem restlichen Olivenöl in einer großen Pfanne mit schwerem Boden erhitzen. Die panierten Fische in 8-10 Minuten von beiden Seiten goldbraun braten. (Eventuell den Fisch in zwei Portionen braten, den fertigen warm halten, während die übrigen Filets noch gebraten werden.)

6 Den Fisch mit der pikanten Mayonnaise und dem gemischten Salat heiß servieren.

Schellfisch-Brokkoli-Topf

Dieses schnelle Eintopfgericht ist schön bunt und ganz leicht.

ZUTATEN

4 Portionen

4 Frühlingszwiebeln, in Ringe geschnitten
450 g neue Kartoffeln, gewürfelt
300 ml Fischbrühe oder Wasser
300 ml Milch
1 Lorbeerblatt
225 g Brokkoliröschen,
450 g geräuchertes Schellfischfilet, ohne Haut
200 g Maiskörner aus der Dose, abgetropft
frisch gemahlener, schwarzer Pfeffer
gehackte Frühlingszwiebeln

1 Die Frühlingzwiebeln mit den Kartoffeln in einen großen Topf geben, Brühe oder Wasser, Milch und Lorbeer dazugeben, zum Kochen bringen und zugedeckt 10 Minuten köcheln lassen.

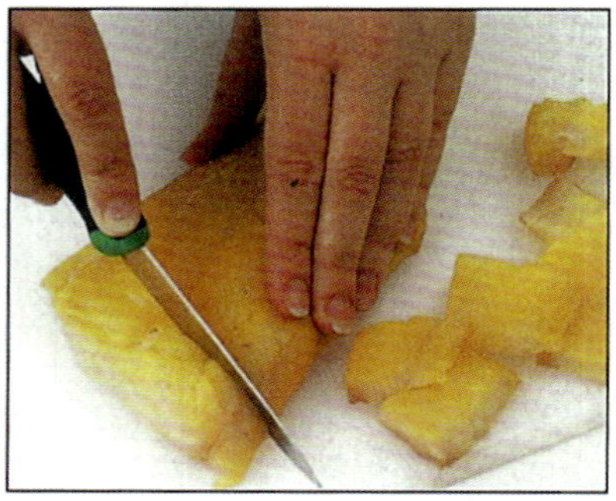

2 Den Brokkoli zugeben. Den Fisch in mundgerechte Stücke schneiden und mit dem Mais in den Topf geben.

3 Den Eintopf gut mit Pfeffer würzen, weitere 5 Minuten zugedeckt köcheln lassen. Das Lorbeerblatt herausfischen. Die Suppe in eine Servierschüssel füllen, die Frühlingszwiebeln darüber streuen und heiß mit knusprigem Brot servieren.

KOCH-TIPP

Wenn es keine neuen Kartoffeln gibt, nehmen Sie unbedingt eine fest kochende Sorte.

Gedünsteter Schellfisch

Der mit Greyerzer Käse gedünstete Lauch lässt den Geschmack des Schellfischs angenehm dominieren. Schön anzusehen: ein Gittermuster aus Schnittlauch.

ZUTATEN

4 Portionen

4 Schellfischfilets je 225 g

675 g Lauch

1 Zwiebel

50 g Butter

1 Tl Kümmelsamen

50 g fein geriebener Greyerzer Käse

Salz und schwarzer Pfeffer

Schnittlauchhalme, zum Verzieren

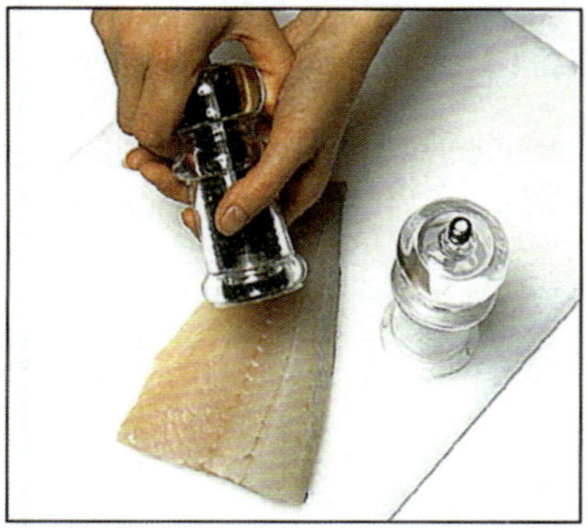

1 Den Fisch salzen und pfeffern. Den Grill vorheizen.

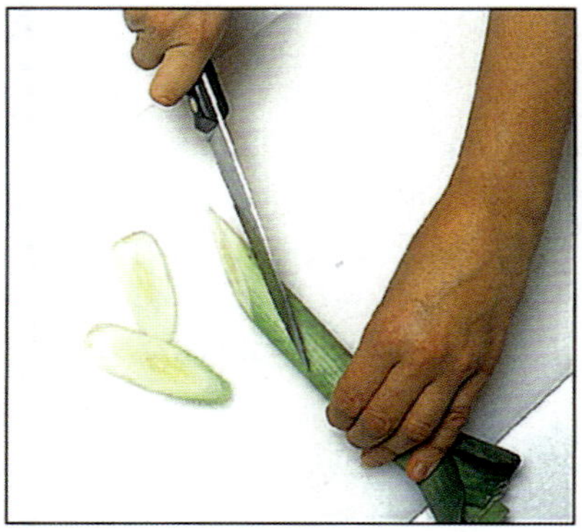

2 Mit einem scharfen Messer den Lauch schräg in 1 cm dicke diagonale Scheiben schneiden. Die Zwiebel grob hacken.

3 Butter in einem Topf mit schwerem Boden schmelzen, Lauch und Zwiebel sanft dünsten. Den Kümmelsamen einrühren.

4 Die Gemüsemischung in eine feuerfeste Form geben. Den Käse darüber streuen, die Filets darauf legen. 10-15 Minuten grillen, bis sie gar sind. Mit dem Schnittlauch im Gittermuster dekorieren und heiß servieren.

Steinbutt in Pergament

Die „Päckchen"-Zubereitung ist ideal für Fisch und bietet allein beim Öffnen ein unvergleichliches Aroma. Steinbutt pur oder mit einer Soße Hollandaise servieren.

ZUTATEN

4 Portionen

2 Karotten, fein geschnitten
2 Zuchini, fein geschnitten
2 Stangen Lauch, fein geschnitten
1 Fenchelknolle, fein geschnitten
2 Tomaten, gehäutet, entkernt und gewürfelt
2 El gehackter, frischer Dill, Estragon oder Kerbel
4 Steinbuttfilets, je ca. 200 g, halbiert
4 Tl Olivenöl
4 El Weißwein oder Fischbrühe
Salz und schwarzer Pfeffer

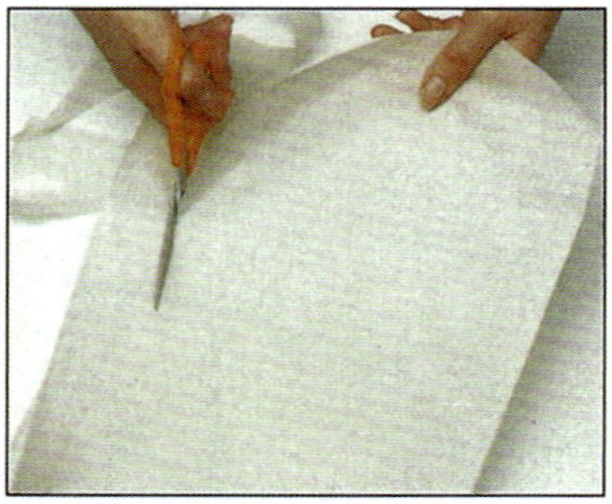

1 4 Stücke Backpapier von 45 cm Länge ausschneiden, jedes Stück halbieren und in Herzform schneiden.

2 Die Papierherzen öffnen. Je ein Viertel jeder Gemüseart neben die Falte der Herzen legen. Mit Salz, Pfeffer und der Hälfte der Kräuter bestreuen. Je zwei Filetstücke auf das Gemüsebett legen, das dünne Ende des einen von dem dicken des anderen überlappen lassen. Die restlichen Kräuter, das Olivenöl und den Wein oder die Brühe gleichmäßig über den Fisch träufeln.

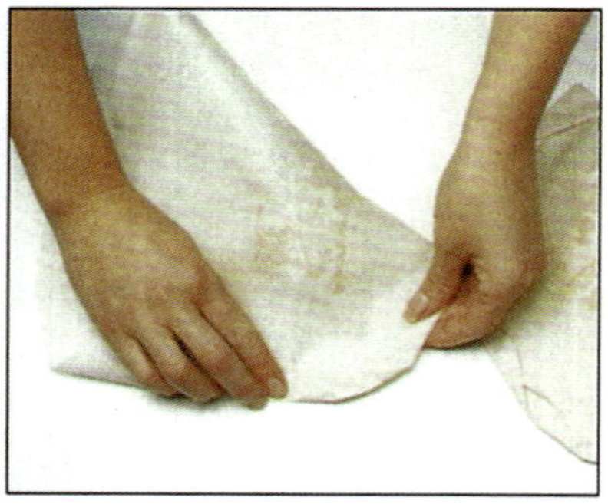

3 Die obere Hälfte des Papierherzens über den Fisch und das Gemüse falten und die Kanten des Papiers umfalten, drücken und so falten, dass ein luftdichtes Paket entsteht. Mit den restlichen drei genauso verfahren.

4 Die Päckchen – evtl. portionsweise – auf ein Backblech geben und im auf 190 Grad vorgeheizten Ofen 10 Minuten backen, bis das Papier leicht braun und aufgeblasen ist. Jedes Päckchen auf einen warmen Teller gleiten lassen und sofort servieren.

Gebackener Seehecht

Nehmen Sie den frischesten Knoblauch, den Sie kriegen können. Bei getrocknetem Thymian: die Menge etwas verringern

ZUTATEN

4 Portionen

4 Seehechtfilets à 175 g
1 Schalotte, fein gehackt
2 Knoblauchzehen, fein geschnitten
4 frische Thymianzweige
geriebene Schale und Saft von 1 Zitrone und Saft zum Beträufeln
2 El kalt gepresstes Olivenöl
Salz und schwarzer Pfeffer
fein geriebene Zitronenschale und frische Thymianzweige

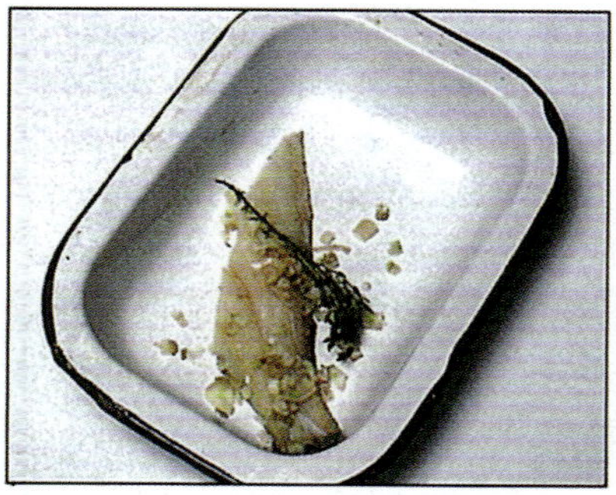

1 Das Seehechtfilet in eine große Bratenform legen. Schalotte, Knoblauchzehen und Thymian darüber streuen.

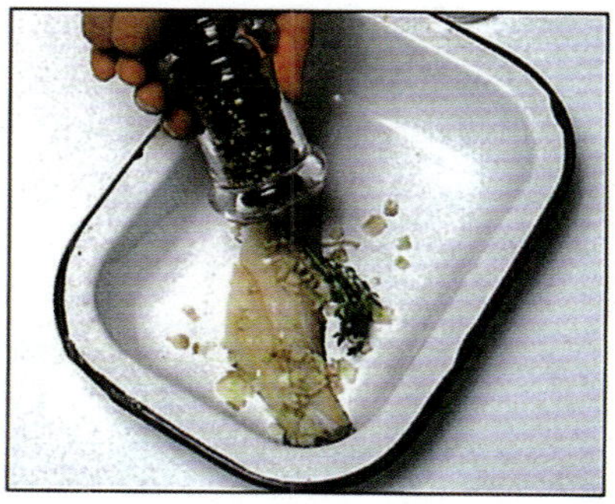

2 Mit Salz und Pfeffer kräftig würzen.

3 Zitronensaft und Olivenöl über den Fisch träufeln. Im auf 180 Grad vorgeheizten Ofen 15 Minuten, bis der Fisch sich leicht zerpflücken lässt, backen. Mit der Zitronenschale und den Thymianzweigen verziert servieren.

VARIATION

Falls Seehecht nicht erhältlich ist, nehmen Sie Kabeljau oder Schellfisch. An Kräutern passen auch gut Estragon, Petersilie und Kerbel zu diesem Fischgericht.

KOCH-TIPP

Seehecht wird in großen Mengen im Nord- und Südatlantik gefangen. Sein milchig weißes Fleisch schmeckt köstlich, ist aber sehr zart, daher muss man sehr vorsichtig mit den Filets umgehen, da sie leicht auseinander brechen.

Fischsteaks mit Senfsoße

Ein ganz einfaches Gericht, aber die Senfsoße macht daraus etwas ganz Besonderes.

ZUTATEN

4-6 Portionen

4-6 Heilbutt- oder Steinbuttsteaks, je 2,5 cm dick
50 g geschmolzene Butter
Salz und frisch gemahlener, schwarzer Pfeffer
Endiviensalat und Zitronenspalten, zum Verzieren

Für die Senfsoße

4 El Dijonsenf
300 ml Creme double oder Schlagsahne
1/2 Tl Puderzucker
1 El weißer Weinessig oder Zitronensaft

1 Die Fischsteaks salzen, pfeffern und auf einen eingeölten Rost in eine Grillpfanne legen, die nach oben zeigende Seite mit geschmolzener Butter einpinseln.

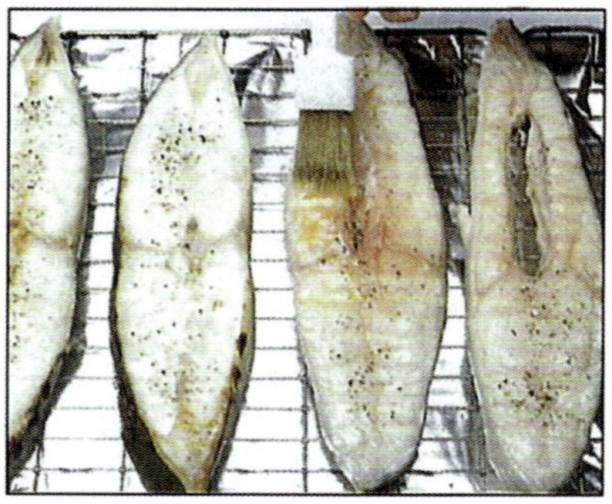

2 Fisch in dem vorgeheizten Grill ca. 10 cm unter der Hitzequelle 4-5 Minuten auf jeder Seite braten, dabei nach dem Wenden wieder mit Butter bestreichen.

3 Inzwischen die Soße vorbereiten. Zutaten in einem Topf verrühren und unter ständigem Rühren zum Kochen bringen. Hitze reduzieren und köcheln lassen, bis die Soße dicklich ist, dabei weiter rühren. Warm halten.

4 Den Fisch auf vorgewärmte Teller legen, die Soße darüber löffeln. Mit dem Salat und den Zitronenspalten verziert servieren.

Meerbrasse mit Orangensoße

Die Meerbrasse ist für jeden, der ihren reichen Geschmack nicht kennt, wie eine Erleuchtung. Ihr festes, weißes Fleisch passt fabelhaft zurButtersoße, hier wird sie mit einem Orangensaft pikant abgeschmeckt.

ZUTATEN

2 Portionen

2 x 350 g Meerbrasse, küchenfertig
2 Tl Dijonsenf
1 Tl Fenchelsamen
2 El Olivenöl
50 g Brunnenkresse
175 g gemischte Salatblätter, z. B. Endivien- oder Friséesalat
gekochte Pellkartoffeln und Orangenscheiben, zum Servieren

Für die Soße

2 El frisch gepresster Orangensaft
175 g ungesalzene Butter, gewürfelt
Salz und Cayennepfeffer

1 Jeden Fisch auf jeder Seite viermal einschneiden. Senf mit Fenchelsamen verrühren und die Fische damit auf beiden Seiten bestreichen. Mit Öl beträufeln und unter vorgeheiztem Grill 12 Minuten grillen, einmal umdrehen.

2 Orangensaft in eine Schüssel geben und im Wasserbad erhitzen. Vom Herd nehmen und nach und nach die Butterwürfel hineinrühren, bis die Masse eine cremige Konsistenz hat. Würzen, zugedeckt beiseite stellen.

3 Die Kresse und die Salatblätter mit dem restlichen Öl mischen. Den Fisch auf zwei große Teller legen, die Soße darüber löffeln und mit Salatblättern, Kartoffeln und Orangenscheiben servieren.

KOCH-TIPP

Für Pellkartoffeln kleine Kartoffeln 15 Minuten in Salzwasser kochen, dann im auf 200 Grad vorgeheizten Ofen zehn Minuten knusprig werden lassen. Aufschneiden, Butter hineingeben und servieren.

Makrele mit Senf-Zitronen-Butter

Sie brauchen wirklich frische Makrelen: hell und fest aussehend.

ZUTATEN

4 Portionen

4 frische Makrelen, je ca. 275 g, ausgenommen und gesäubert
200 g junge Spinatblätter

Für die Soße

115 g geschmolzene Butter
2 El grobkörniger Senf
geriebene Schale von 1 Zitrone
2 El Zitronensaft
3 El gehackte Petersilie
Salz und schwarzer Pfeffer

1 Den Fischkopf genau hinter den Kiemen mit einem scharfen Messer abschneiden. Den Fisch am Bauch flach aufschneiden, damit sich der Fisch gut öffnen lässt.

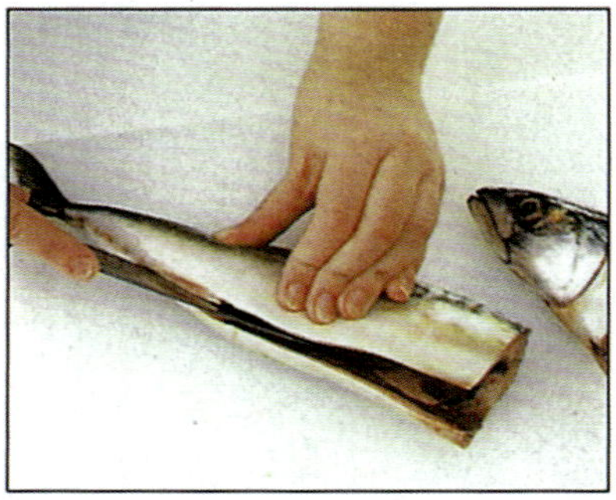

2 Drücken Sie mit Ihrem Handballen die Rückengräte entlang, um sie abzulösen.

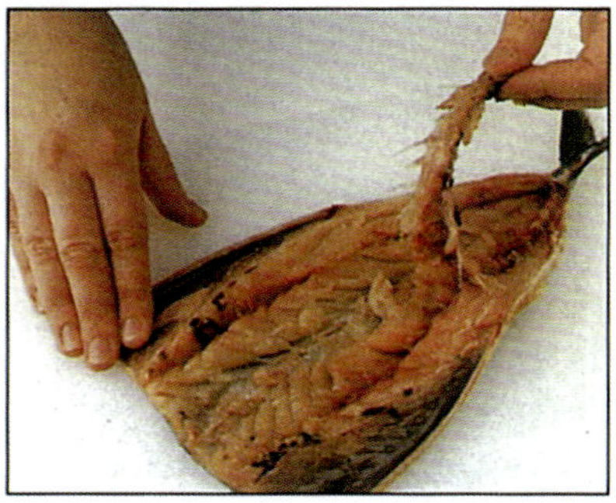

3 Den Fisch herumdrehen und die Gräte ablösen. Den Schwanz entfernen und den Fisch der Länge nach halbieren. Abwaschen und trockentupfen.

4 Drei- bis viermal den Fisch einschneiden, würzen. Für die Senf-Zitronen-Butter die geschmolzene Butter mit Senf, Zitronenschale und -saft, Petersilie und Gewürzen vermischen. Die Makrelen auf einen Rost legen. Etwas Butter auf die Makrelen streichen und auf beiden Seiten 5 Minuten gar grillen, gelegentlich mit der Würzbutter bestreichen.

5 Die Spinatblätter in die Mitte von vier großen Tellern verteilen. Die Makrelen darauf legen. Die restliche Butter in einem kleinen Topf erhitzen und über die Makrelen schütten. Sofort servieren.

Mais-Tunfisch-Bällchen

Diese sparsamen kleinen Bällchen sind schnell gemacht. Noch schneller: statt frischen Kartoffeln Instantpüree nehmen.

ZUTATEN

4 Portionen

1300 g gekochte, zerdrückte Kartoffeln
200 g Tunfisch aus der Dose, abgetropft und auseinander gepflückt
115 g Maiskörner aus der Dose
2 El gehackte frische Petersilie
50 g Semmelbrösel
Salz, frisch gemahlener, schwarzer Pfeffer
Zitronenspalten, zum Verzieren
frisches Gemüse, zum Servieren

1 Die Kartoffeln in einer Schüssel mit Tunfisch, Mais und Petersilie verrühren.

2 Mit Salz und Pfeffer würzen, dann mit den Händen 8 kleine Bällchen formen.

3 Die Semmelbrösel auf einen Teller streuen. Die Fischbällchen sanft hineindrücken, damit sie leicht paniert werden, dann auf ein Backblech legen.

4 Die Fischbällchen unter mäßig heißem Grill goldbraun und knusprig backen, dabei einmal umdrehen. Heiß mit Zitronenspalten und frischem Gemüse servieren.

KOCH-TIPP

Für eine schnelle Mahlzeit aus dem Vorrat, die genauso nahrhaft ist, Sardinen, roten oder rosa Lachs aus der Dose oder geräucherte Makrelen statt des Tunfisches verwenden.

Forelle mit Mandeln

Dieses Rezept lässt sich verdoppeln – dann die Forellen in zwei Pfannen braten. In der Normandie werden gerne Haselnüsse statt Mandeln verwendet.

ZUTATEN

2 Portionen

2 Forellen, je ca 350 g, gesäubert
40 g Mehl
50 g Butter
25 g Mandelblättchen oder -stifte
2 El trockener Weißwein
Salz und schwarzer Pfeffer

1 Die Forellen abspülen und trockentupfen. Das Mehl mit Salz und Pfeffer in einen großen Gefrierbeutel geben. Jeweils eine Forelle in den Beutel legen und schütteln, bis sie mit Mehl bedeckt ist. Überflüssiges Mehl abklopfen.

2 Die Hälfte der Butter in einer großen Pfanne bei mittlerer Hitze schmelzen. Wenn sie schäumt, die Forellen hineingeben und jeder Seite 6-7 Minuten goldbraun braten, Fleisch soll milchig sein. Den Fisch auf vorgewärmte Teller legen und warm halten.

3 Die restliche Butter in die Pfanne geben und die Mandeln leicht bräunen. Den Wein zugießen und zum Kochen bringen. Unter ständigem Rühren 1 Minute sirupartig einkochen lassen. Die Mandelbutter über den Fisch gießen oder löffeln und sofort servieren.

Tunfisch à la St. Rémy

St. Rémy ist eine wunderschöne Stadt in der Provence. Thymian, Rosmarin und Oregano wachsen wild auf den Hügeln und spielen in vielen Rezepten dieser Gegend eine herausragende Rolle.

ZUTATEN

4 Portionen

4 Tunfischsteaks, je ca. 175-200 g, 2,5 cm dick
2-3 El Olivenöl
3-4 fein gehackte Knoblauchzehen
4 El trockener Weißwein
3 reife Tomaten, enthäutet, entkernt und gehackt
1 Tl getrocknete Kräuter der Provence
Salz und frisch gemahlener, schwarzer Pfeffer
frische Basilikumblätter, zum Verzieren
Bratkartoffeln, zum Servieren

1 Die Tunfischsteaks mit Salz und Pfeffer würzen. Ein schwere Pfanne bei hoher Temperatur sehr heiß werden lassen. Das Öl hineingeben, die Steaks hineinlegen und sanft hinunterdrücken, dann auf mittlere Hitze stellen und 6-8 Minuten, bis sie in der Mitte etwas rosa sind, braten, dabei einmal wenden.

2 Die Steaks auf einen Teller legen und warm halten.

3 Den Knoblauch in die Pfanne geben und 15-20 Sekunden unter ständigem Rühren anbraten, dann den Wein zugeben und auf die Hälfte reduzieren. Die Tomaten und die Kräuter zugeben und 2-3 Minuten kochen, mit Pfeffer würzen und über die Fischsteaks geben. Mit frischen Basilikumblättern verzieren und mit Bratkartoffeln servieren.

KOCH-TIPP

Tunfisch wird - ähnlich wie Rind – „rosa“ serviert. Wer ihn durchgebraten will, muss ihn bei mittlerer Hitze einige Minuten länger braten.

Forellenfilet mit Estragonsoße

Forellenfilets sind immer öfter problemlos erhältlich. Falls nicht, kaufen Sie eine ganze Forelle und bitten Sie den Fischhändler, sie küchenfertig zu filetieren.

ZUTATEN

4 Portionen

25 g Butter
8 Forellenfilets
Salz und schwarzer Pfeffer
neue Kartoffeln und Stangenbohnen

Für die Estragonsoße

nur das Weiße von 2 großen Frühlingszwiebeln, gehackt
1/2 Salatgurke, geschält, entkernt und in kurze Stifte geschnitten
1 Tl Maismehl
150 ml Schlagsahne
50 ml trockener Sherry
2 El gehackter frischer Estragon
1 Tomate, entkernt und gehackt

1 Die Butter in einer großen Pfanne schmelzen. Die Forellenfilets salzen, pfeffern und ca. 6 Minuten braten, dabei einmal wenden. Die Filets auf einen Teller legen und warm halten.

2 Für die Soße die Frühlingszwiebeln und die Gurkenstifte in die Pfanne geben. Bei kleiner Hitze unter ständigem Rühren weich dünsten, ohne dass sie Farbe annehmen.

3 Die Pfanne vom Herd nehmen und das Maismehl einrühren.

4 Die Pfanne zurück auf den Herd stellen, Sahne zugeben, unter Rühren köcheln lassen, bis eine dickliche Soße entsteht.

5 Den Estragon und die Tomaten dazugeben, nach Geschmack würzen.

6 Die Filets auf vier Teller legen und die Soße darüber löffeln. Sofort mit den gebutterten neuen Kartoffeln und den Stangenbohnen servieren.

Forelle im Speckmantel

Der Speckmantel hält den Fisch während des Kochens feucht und sorgt gleichzeitig für einen kräftigen Geschmack.

ZUTATEN

4 Portionen

Saft von ½ Zitrone

4 Forellen, je ca. 275 g

4 Thymianzweige

8 dünne Scheiben Räucherspeck

Salz und , schwarzer Pfeffer

gehackte frische Petersilie und Thymianzweige, zum Verzieren

Zitronenspalten, zum Servieren

1 Zitronensaft über Haut und Bauch der Fische träufeln, würzen und jeweils 1 Thymianzweig in die Bauchöffnungen legen.

2 Mit einem Messerrücken die Speckstreifen dehnen und je zwei Streifen um einen Fisch wickeln. Den Ofen auf 200 Grad vorheizen.

3 Den Fisch auf ein leicht gefettetes tiefes Backblech legen, mit den losen Enden der Speckstreifen nach unten, damit sie sich nicht aufwickeln.

4 Im vorgeheizten Ofen ca. 15-20 Minuten backen. Der Fisch sollte, wenn man ihn mit einer scharfen Messerspitze ansticht, leicht zerfallen, der Speck knusprig sein und anfangen, braun zu werden.

5 Die Forellen mit Petersilie bestreuen, mit den Thymianzweigen verzieren und mit den Zitronenspalten servieren.

KOCH-TIPP

Dieses Gericht eignet sich zum Vorbereiten. Die Forelle kann im Speckmantel im Kühlschrank zugedeckt aufbewahrt werden, bis man sie kochen will – 20 Minuten vor der Zubereitung aus dem Kühlschrank nehmen.

Lachs mit Kressesoße

Geben Sie Kresse erst kurz vor Ende der Kochzeit hinzu - so behält sie Farbe und Geschmack.

ZUTATEN

4 Portionen

300 g Crème fraîche
2 El gehackter frischer Estragon
25 g ungesalzene Butter
1 El Sonnenblumenöl
4 Lachsfilets, ohne Haut und Gräten
1 gepresste Knoblauchzehe
100 ml trockener Weißwein
1 Bund Brunnenkresse
Salz und schwarzer Pfeffer
Salatblätter, zum Servieren

1 Crème fraîche in einem Topf bis kurz vor dem Siedepunkt erwärmen. Den Topf vom Herd nehmen und die Hälfte vom Estragon hineinrühren. Ziehen lassen, während Sie den Fisch zubereiten.

2 Die Butter und das Öl in einer Pfanne erhitzen, den Lachs hineingeben und auf beiden Seiten 3-5 Minuten braten. Aus der Pfanne nehmen und warm halten.

3 Knoblauch in die Pfanne geben und 1 Minute braten, dann den Wein dazugeben und köchelnd auf ca. 1 Esslöffel reduzieren lassen.

4 Inzwischen die Kresseblättchen abzupfen, unschöne Blätter aussortieren. Blättchen fein hacken. (Nach Belieben die Stängel für eine Suppe aufbewahren.)

5 Estragoncreme in eine Pfanne geben und einige Minuten unter Rühren dicklich einkochen lassen. Restlichen Estragon und die Kresse hineinrühren, weiter kochen lassen, bis die Kresse welk, aber noch grün ist. Die Soße mit Salz und Pfeffer abschmecken und über den Lachs löffeln. Sofort mit den Salatblättern servieren.

Lachs mit grünem Pfeffer

Eine Entdeckung der „nouvelle cuisine": Grüne Pfefferkörner geben Soßen und Eintöpfen ein pikantes Aroma. Sie sind in Gläsern oder Dosen eingelegt erhältlich.

ZUTATEN

4 Portionen

- 15 g Butter
- 2-3 Schalotten, fein gehackt
- 1 El Brandy (nach Belieben)
- 4 El Weißwein
- 90 ml Fisch- oder Hühnerbrühe
- 120 ml Schlagsahne
- 2-3 El grüne Pfefferkörner in Salzwasser, abgespült
- 2-3 El Pflanzenöl
- 4 Stücke Lachsfilet, je 175-200 g
- Salz und schwarzer Pfeffer
- frische Petersilie, zum Verzieren

1 Butter in einem Topf mit schwerem Boden bei mittlerer Hitze schmelzen. Schalotten dazugeben und 1-2 Minuten dünsten, ohne dass sie Farbe annehmen.

2 Brandy (evtl.), Wein und Brühe dazugeben und zum Kochen bringen. Unter gelegentlichem Rühren kochen, bis sich die Masse um drei Viertel vermindert hat.

3 Die Hitze reduzieren, Sahne zufügen und ebenso die Hälfte der Pfefferkörner, indem sie leicht mit einem Löffelrücken zerstoßen werden. Bei niedriger Hitze 4-5 Minuten köcheln lassen, bis die Soße leicht dicklich ist. Filtern und die restlichen Pfefferkörner hineinrühren. Bei sehr niedriger Temperatur die Soße unter gelegentlichem Rühren warm halten.

4 In einer großen, schweren Pfanne bei mittlerer Hitze das Öl sehr heiß erhitzen. Lachs leicht würzen und 3-4 Minuten durch und durch braten. Zum Testen mit einer scharfen Messerspitze in den Fisch stechen, der austretende Fischsaft sollte klar sein. Den Fisch auf vorgewärmte Teller legen und die Soße darüber gießen. Mit Petersilie verzieren und servieren.

Lachs mit Estragon-Pilz-Soße

Estragon hat einen charakteristischen Anisgeschmack, der gut zu Fisch, Sahne und Pilzen passt. Austernpilze bleiben fest und schmecken nach Kalb.

ZUTATEN

4 Portionen

50 g ungesalzene Butter
4 x 175 g Lachssteaks
1 fein gehackte Schalotte
175 g gemischte Wild- und Zuchtpilze (wie Austernpilze), in Scheiben geschnitten
200 ml Hühner- oder Gemüsebrühe
2 El Maismehl
½ Tl Senf
50 g Crème fraîche
3 El gehackter frischer Estragon
1 Tl weißer Weinessig
Salz und Cayennepfeffer
gekochte neue Kartoffeln und grüner Salat, zum Servieren

1 Butter in einer Pfanne schmelzen, den Lachs würzen und bei kleiner Hitze 8 Minuten dünsten, einmal wenden. Aus der Pfanne nehmen, zugedeckt warm halten.

2 Die restliche Butter in der Pfanne erhitzen, die Schalotte darin weich dünsten. Die Pilze zugeben und kochen, bis der Saft austritt. Brühe zugießen und 2-3 Minuten köcheln lassen.

3 Maismehl mit Senf verrühren, 1 El Wasser dazumischen. In die Pilzmischung rühren, zum Köcheln bringen und unter Rühren dicklich einkochen lassen. Crème fraîche, Estragon und Essig dazugeben, mit Salz und Pfeffer

4 Die Pilzsoße über jedes Lachssteak löffeln und zusammen mit den Kartoffeln und dem grünen Salat servieren.

KOCH-TIPP

Weil frischer Estragon sich nach dem Hacken sehr schnell verfärbt, die Kräuter erst bei Bedarf vorbereiten.

Fischfilet chinesisch

Ein klassisches englisches Gericht in einer chinesischen Variante.

ZUTATEN

4 Portionen

65 g Mehl
1 Tl chinesisches Fünfgewürzepulver
8 Fischfilets ohne Haut, z. B. Scholle oder Seezunge, zusammen ca. 800 g
1 verschlagenes Ei, zum Panieren
40-50 g Semmelbrösel
Erdnussöl, zum Frittieren
25 g Butter
4 Frühlingszwiebeln, in Ringe geschnitten
350 g Tomaten, entkernt und gewürfelt
2 El Sojasoße
Salz und schwarzer Pfeffer
Schnittlauch und rote Paprikastreifen, zum Verzieren

1 Das Mehl mit dem Fünfgewürzepulver auf einen Teller sieben, Salz und Pfeffer dazugeben. Die Filets zuerst in das gewürzte Mehl, dann in das Ei und danach in die Semmelbrösel tunken.

2 Das Öl in eine große, 1 cm tiefe Pfanne schütten und es sehr heiß werden lassen: bis es zischt. Die panierten Filets portionsweise hineingeben und sie, je nach Dicke der Filets, 2-3 Minuten auf beiden Seiten goldbraun frittieren. Wichtig: Die Pfanne nicht zu sehr füllen, sonst sinkt die Temperatur des Öls zu sehr und der Fisch saugt zu viel Öl auf.

3 Die Filets auf Küchenpapier abtropfen lassen, dann auf Teller geben und warm halten. Das Öl ausgießen und die Pfanne mit Küchenpapier auswischen.

4 Butter schmelzen, Frühlingszwiebeln und Tomaten zugeben. Unter Rühren 1 Minute braten, dann Sojasoße hineinrühren.

5 Die Tomatenmischung über den Fisch löffeln. Mit Schnittlauch und Paprikastreifen verzieren und sofort servieren.

Seezungen-Spinat-Pilz-Toast

Spinat und Pilze sind die Basis für dieses attraktive Rezept – in England typischerweise auf Muffins angerichtet. Toastbrot tut's aber auch.

ZUTATEN

2 Portionen

115 g Butter, und etwas Butter
1 mittelgroße Zwiebel, fein gehackt
115 g rosa Champignons, in Scheiben
2 frische Thymianzweige, gehackt
275 g TK-Spinat, aufgetaut
675 g Seezungen- oder Schollenfilet
2 englische Muffins oder 4 Scheiben Toast
4 El Crème fraîche
Salz und schwarzer Pfeffer

1 In einem Topf 50 g Butter erhitzen. Zwiebel dazugeben und bei niedriger Hitze weich dünsten, ohne dass sie Farbe annimmt.

2 Pilze und Thymian dazugeben, zugedeckt weitere 2-3 Minuten kochen. Dann die Temperatur erhöhen und offen die Flüssigkeit einkochen lassen.

3 Den Spinat mit einem breiten Löffelrücken durch ein Sieb drücken, um alle Flüssigkeit zu entfernen.

4 In einem Topf 25 g Butter schmelzen. Den Spinat dazugeben und erhitzen, nach Geschmack würzen.

5 Die restliche Butter schmelzen. Fisch auf beiden Seiten salzen und pfeffern und 2 Minuten auf beiden Seiten dünsten.

6 Inzwischen die Muffins oder Toastscheiben leicht toasten und buttern. Die Fischfilets darauf verteilen, je eine Spinat- und Pilzschicht darauf legen und einen Klecks Crème fraîche darauf geben. Die Muffins oder Toasts mit etwas Pfeffer bestreuen und sofort servieren.

Schellfischnudeln in Petersiliensoße

Ein köstliches Nudelgericht mit knusprigen Mandeln.

ZUTATEN

4 Portionen

450 g geräuchertes Schellfischfilet
1 kleine Lauchstange oder Zwiebel, in dicke Ringe geschnitten
300 ml Milch
1 Bouquet garni (Kräutersträußchen aus Lorbeer, Thymian- und Petersilie)
25 g Margarine
25 g Mehl
225 g Muschelnudeln
2 El gehackte frische Petersilie
Salz und schwarzer Pfeffer
15 g geröstete Mandelblättchen

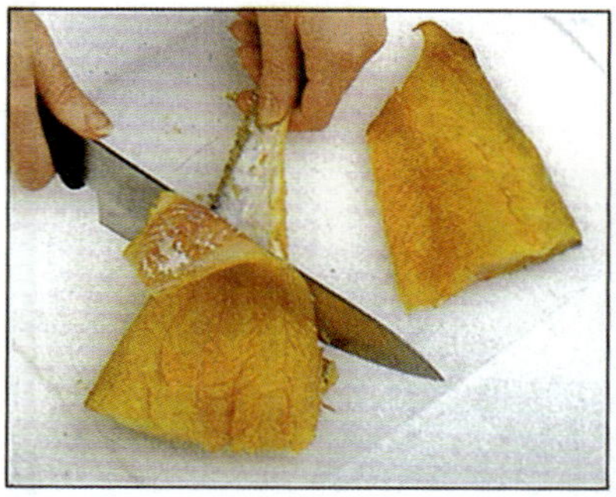

1 Das Filet häuten und eventuelle Gräten entfernen. Zusammen mit Lauch oder Zwiebel, der Milch und dem Kräuterstrauß in einen Topf geben. Zugedeckt 8-10 Minuten leicht köcheln, bis der Fisch sich leicht zerpflücken lässt.

2 Durch ein Sieb geben, die Milch für die Soße aufheben, das Kräutersträußchen entfernen.

3 Margarine und Mehl in einen Topf geben, Milch unter Rühren zugeben, aufkochen lassen, weiter rühren und zu einer Soße verarbeiten. Würzen, Fisch und Gemüse zufügen.

4 Die Pasta in einem großen Topf bissfest kochen. Abtropfen lassen und zusammen mit der Petersilie in die Soße rühren. Sofort mit Mandeln bestreuen und servieren.

Gebratene Knoblauchsardinen

Zur Dekoration einige Scheiben Knoblauch leicht anbraten. Statt Sardinen können Sie auch Sprotten oder frische Anchovis nehmen.

ZUTATEN

4 Portionen

1 kg frische Sardinen
2 El Olivenöl
4 Knoblauchzehen
fein geriebene Schale von 2 Zitronen
2 El gehackte frische Petersilie
Salz und schwarzer Pfeffer

Für das Tomatenbrot

2 große, sehr reife Fleischtomaten
8 Scheiben knuspriges Brot, getoastet

1 Die Sardinen gut ausnehmen und säubern.

2 In einer Pfanne das Öl erhitzen und die Knoblauchzehen weich dünsten.

3 Sardinen zugeben und 4-5 Minuten braten. Zitronenschale, Petersilie und Gewürze darüber streuen.

4 Die Tomaten halbieren, auf den Toast drücken, die Haut entfernen. Die Sardinen zusammen mit dem Tomatentoast servieren.

Schnapper mit Koriandersalsa

Roter Schnapper ist ein fester Fisch mit wenig Fett und gehört zu den tropischen Barschen.

ZUTATEN

4 Portionen

4 rote Schnapperfilets (oder andere), je ca. 175 g
1½ Tl Pflanzenöl
15 g Butter
Salz und schwarzer Pfeffer

Für die Salsa

1 Bund frischer Koriander, ohne Stängel
250 ml Olivenöl
2 gehackte Knoblauchzehen
2 Tomaten, entkernt und gehackt
2 El frischer Orangensaft
1 El Sherry-Essig
Korianderzweige und Orangenschale, zum Verzieren

1 Für die Salsa Koriander, Öl und Knoblauch in einer Küchenmaschine verarbeiten, bis sie grob zerkleinert sind. Tomaten dazugeben und mehrere Male an- und ausschalten. Die Mischung sollte grobstückig sein.

2 Mischung in eine Schüssel geben, Orangensaft, Essig hineinrühren und mit Salz abschmecken. Die Salsa beiseite stellen.

3 Die Fischfilets abspülen und trockentupfen. In einer großen Pfanne Öl und Butter erhitzen, dann den Fisch hineingeben und von jeder Seite 2-3 Minuten braten (oder bis er milchig ist); eventuell in zwei Portionen braten.

4 Die Filets auf vorgewärmte Servierteller legen. Einen Löffel Salsa darauf geben und mit dem Koriander und den Orangenschalen verzieren. Die Filets nach Wunsch mit Salat servieren.

Spagettini mit Wodka und Kaviar

Auf diese besondere, aber einfache Art werden Spagetti gerne in Rom genossen.

ZUTATEN

4 Portionen

4 El Olivenöl

3 Frühlingszwiebeln, in dünnen Ringen

1 fein gehackte Knoblauchzehe

120 ml Wodka

150 g Creme double

150 g schwarzer oder roter Kaviar

400 g Spagettini

Salz und schwarzer Pfeffer

KOCH-TIPP

Der feinste Kaviar kommt aus gesalzenen Störrogen. Lachsrogen, billiger und oft salziger als die vom Stör.

1 In einer kleinen Pfanne das Öl erhitzen. Frühlingszwiebeln und Knoblauch darin 4-5 Minuten sanft weich dünsten.

2 Wodka und Creme double zugeben und bei niedriger Hitze weitere 5-8 Minuten kochen.

3 Vom Herd nehmen und den Kaviar hineinrühren. Nach Geschmack mit Salz und Pfeffer würzen.

4 Inzwischen die Nudeln in Salzwasser bissfest kochen. Abtropfen lassen und sofort gleichmäßig mit der Soße vermischen. Sofort servieren.

Penne mit Tunfisch

Die schmackhafte Soße ist aus Zutaten aus dem Vorrat, Mozzarella und frischer Petersilie schnell gemacht, dazu in Olivenöl eingelegten Tunfisch verwenden.

ZUTATEN

4 Portionen

400 g Penne, oder andere kurze Nudeln

1 El eingelegte Kapern

3 El gehackte frische Petersilie

200 g Tunfisch aus der Dose, abgetropft

5 El Olivenöl

Salz und frisch gemahlener, schwarzer Pfeffer

115 g Mozzarella, klein gewürfelt

1 Salzwasser zum Kochen bringen und die Nudeln nach der Packungsanweisung bissfest kochen.

2 Die Kapern gut mit Wasser abspülen, mit dem Knoblauch fein hacken. Mit der Petersilie und dem Tunfisch mischen, das Öl hineinrühren und abschmecken.

3 Die Nudeln abtropfen lassen. In eine große Pfanne schütten, die Tunfischsoße und den Mozzarella dazugeben. Bei niedriger Hitze unter ständigem Rühren den Käse grade eben schmelzen lassen. Sofort servieren.

Tagliatelle mit Räucherlachs

Die schöne Pastasoße schmeckt so wie sie aussieht; die feinen Gurkenscheiben passen gut zu dem Fisch. Ganz anders wirkt das Gericht, wenn Sie grüne, rote oder weiße Tagliatelle oder eine Mischung aller drei Sorten verwenden.

ZUTATEN

4 Portionen

350 g getrocknete oder frische Tagliatelle
½ Salatgurke
75 g Butter
geriebene Schale von 1 Orange
2 El gehackter, frischer Dill
300 g Creme double
1 El Orangensaft
115 g geräucherter Lachs, ohne Haut
Salz und schwarzer Pfeffer

1 Getrocknete Nudeln nach der Packungsanweisung in kochendem Salzwasser garen. Frische Pasta in leicht gesalzenem Wasser 2-3 Minuten weich, aber noch bissfest, kochen.

2 Die Gurke mit einem scharfen Messer der Länge nach halbieren und mit einem kleinen Löffel die Kerne ausschaben.

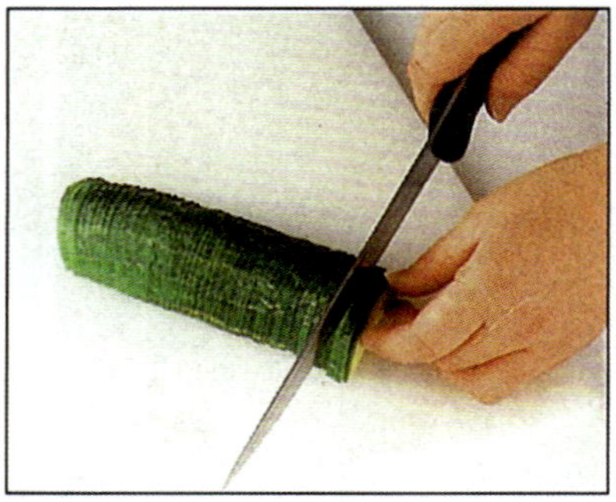

3 Die Gurkenhälften in dünne Scheiben schneiden.

4 Die Butter in einem Topf mit schwerem Boden schmelzen. Die Orangenschale und den Dill hineinrühren. Die Gurkenscheiben dazugeben und bei kleiner Hitze 2 Minuten unter gelegentlichem Rühren kochen.

5 Creme double und Orangensaft zugeben, mit den Gewürzen abschmecken und 1 Minute leicht köcheln lassen.

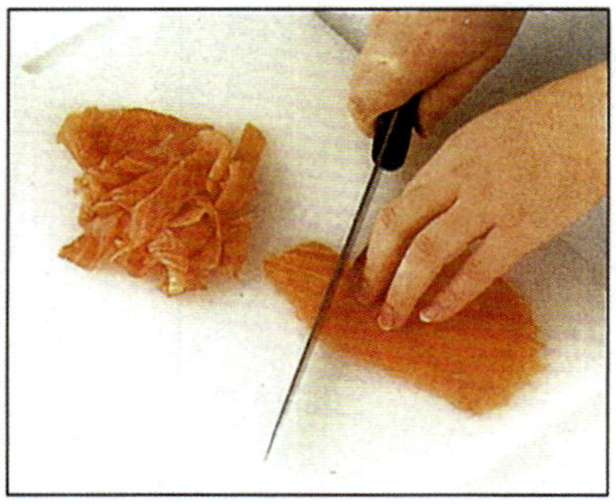

6 Inzwischen den Lachs in dünne Streifen schneiden.

7 Lachsstreifen in die Soße rühren und erhitzen.

8 Die Pasta gut abtropfen lassen und in die Soße rühren. Sofort servieren.

KOCH-TIPP

Für eine sparsamere Variante können Sie geräucherte Lachsstücke nehmen, die preiswert in Feinkostläden und Supermärkten angeboten werden: zum Teil Reste bzw. schlecht geschnittene Stücke. Geräucherte Forelle wäre eine noch günstigere Alternative, ihr fehlt aber die Farbe und der kräftige Geschmack, wie ihn der geräucherte Lachs hat.

Spagetti mit Sardinen

Ein traditionelles Gericht aus Sizilien mit Zutaten, die es überall im Mittelmeerraum gibt.

ZUTATEN

4 Portionen

12 frische Sardinen, ohne Gräten
250 ml Olivenöl
1 gehackte Zwiebel
25 g frischer Dill
50 g Pinienkerne
25 g Rosinen, in Wasser eingeweicht
50 g Semmelbrösel
450 g Spagetti
Mehl, zum Bestäuben
Salz

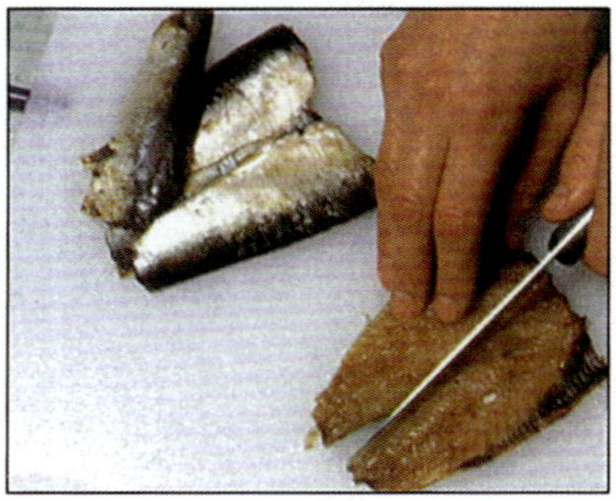

1 Die Sardinen waschen und mit Küchenpapier trockentupfen. Sardinen flach aufschneiden und der Länge nach halbieren.

2 In einem Topf 2 El Öl erhitzen und die Zwiebel goldbraun braten, den Dill zugeben und leicht für 1-2 Minuten kochen. Pinienkerne und Rosinen zufügen und evtl. salzen. Die Semmelbrösel in einer Pfanne goldbraun rösten, herausnehmen und beiseite stellen.

3 Die Spagetti nach Packungsanweisung in Salzwasser bissfest kochen. Das restliche Öl in einem Topf erhitzen. Die Sardinen mit Mehl bestäuben und in heißem Öl 2-3 Minuten braten. Auf Küchenpapier abtropfen lassen.

4 Die Spagetti abtropfen lassen, in den Topf zurückgeben und mit der Zwiebelmischung gut verrühren. Die Spagetti-Zwiebel-Mischung auf eine vorgewärmte Platte geben und die gebratenen Sardinen darauf anordnen. Mit den gerösteten Bröseln bestreuen und sofort servieren.

KOCH-TIPP

Sardinen sind Babysardinen und wiegen ca. 115 Gramm. Sie sind mit feinen Schuppen bedeckt, die man leichter mit der Hand als mit einem Schuppenmesser entfernen kann: Den Fisch am Schwanz unter kaltes fließendes Wasser halten und mit Daumen und Fingern des Körpers entlang reiben.

Gebackene Schollen-Stäbchen

Plattfisch eignet sich sehr für Fischstäbchen– serviert mit einer köstlichen Soße aus Kapern, Gewürzgurken und Mayonnaise

ZUTATEN

4 Portionen

675 g Schollenfilet
1 El gehackter frischer Estragon
175 g Semmelbrösel
2 Eier, leicht verschlagen

Für die Soße

1 El Kapern, abgetropft
1 El Gewürzgurken, abgetropft
150 g Mayonnaise
Salz und schwarzer Pfeffer

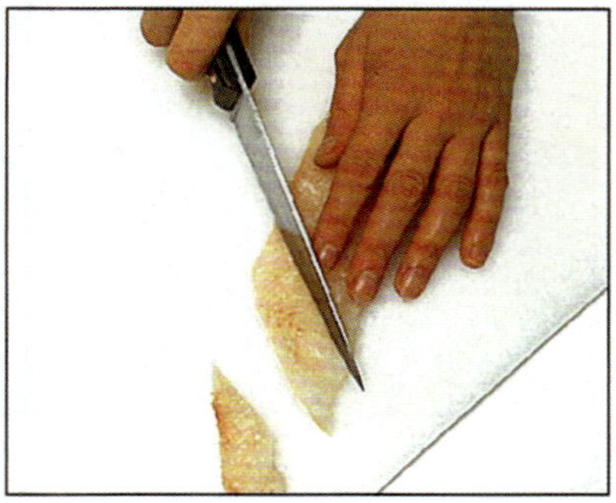

1 Das Fischfilet in schmale Streifen schneiden. Den Ofen auf 225 Grad vorheizen und ein Backblech leicht einfetten.

2 In einer Schüssel Estragon und Semmelbrösel gut miteinander mischen.

3 Je einen Fischstreifen erst in das Ei, dann in die Bröselmischung tunken und ganz bedecken. Die Fischstreifen auf das Backblech legen und im Ofen 10 Minuten backen.

4 Inzwischen die Soße zubereiten. Kapern und Gewürzgurken grob hacken und in die Mayonnaise rühren. Mit Salz und Pfeffer abschmecken und mit den knusprigen Fischstückchen servieren.

Fusilli mit geräucherter Forelle

Geräucherte Forelle, sahnige Soße und bissfestes Gemüse gehen hier eine wundervolle Verbindung ein.

ZUTATEN

4-6 Portionen

2 Karotten, fein geschnitten
1 Stange Lauch, fein geschnitten
2 Selleriestangen, fein geschnitten
150 ml Gemüsebrühe
225 g geräucherte Forellenfilets, ohne Haut, in Streifen geschnitten
200 g Frischkäse
150 ml r Weißwein oder Fischbrühe
1 El gehackter, frischer Dill oder Fenchelgrün
225 g Fusilli
Salz und schwarzer Pfeffer
Dillzweige, zum Verzieren

1 Karotten, Lauch und Sellerie mit der Gemüsebrühe in einem Topf zum Kochen bringen und in 4-5 Minuten weich dünsten. Den Topf vom Herd nehmen und die Forellenstücke hineingeben.

2 Für die Soße Frischkäse und Wein oder Fischbrühe in einem Topf erhitzen und zu einer glatten Soße verrühren, mit Salz und Pfeffer abschmecken. Gehackten Dill oder Fenchelgrün

3 Die Fusilli nach Packungsanweisung in kochendem Salzwasser bissfest kochen. Vollständig abtropfen lassen.

4 Die Fusilli in den Topf mit der Soße geben, leicht verrühren und in eine Servierschüssel füllen. Das gekochte Gemüse mit der Forelle darüber schütten. Mit Dillzweigen verzieren und servieren.

Farfalle mit geräuchertem Lachs

Diese schnelle, luxuriöse und köstliche Soße für Pasta ist in Italien sehr beliebt.

ZUTATEN

4 Portionen

6 Frühlingszwiebeln
50 g Butter
6 El trockener Weißwein oder Wermut
450 g Creme double
frisch gemahlene Muskatnuss
225 g geräucherter Lachs
2 El gehackter, frischer Dill
frisch gepresster Zitronensaft
450 g Farfalle (Schmetterlingsnudeln)
Salz und schwarzer Pfeffer
frische Dillzweige, zum Verzieren

1 Die Frühlingszwiebeln in feine Röllchen schneiden. Butter im Topf schmelzen und die Frühlingszwiebeln ca. 1 Minute dünsten.

2 Wein dazugeben und auf etwa 2 El Flüssigkeit einkochen lassen. Creme double einrühren, mit den Gewürzen abschmecken. Aufkochen, in 2-3 Minuten dicklich einkochen lassen.

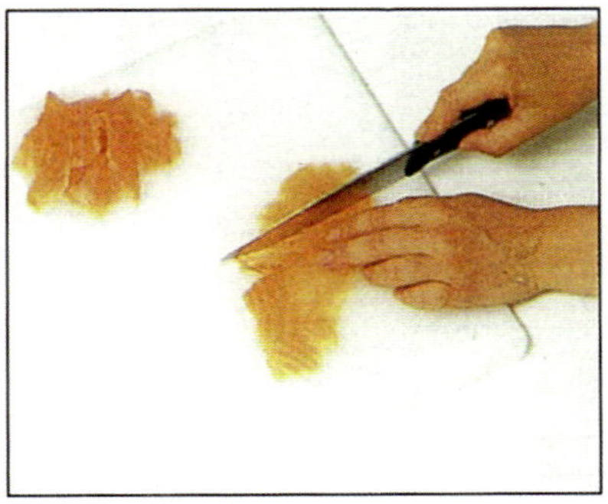

3 Den Lachs in 2,5 cm große Quadrate schneiden und zusammen mit dem Dill in die Soße rühren. Mit etwas Zitronensaft abschmecken. Warm halten.

4 Die Nudeln in genügend Salzwasser kochen. Gut abtropfen lassen. Mit der Soße vermischen und mit den Dillzweigen verziert sofort servieren.

MEERES-FRÜCHTE

Nudel-Tomaten-Garnelen

Einflüsse aus Italien und dem Osten vereinigen sich in diesem Gericht zu einer Kombination.

ZUTATEN

4 Portionen

350 g Somennudeln (jap. Nudeln)

3 El Olivenöl

20 rohe Riesengarnelen, küchenfertig

2 fein gehackte Knoblauchzehen

3–4 El Tomatenpaste oder -püree

Salz und schwarzer Pfeffer

Für die Dekoration

eine Hand voll Basilikumblätter

2 El getrocknete Tomaten in Öl, abgetropft und in Streifen geschnitten

1 Die Nudeln in einem großen Topf mit Wasser nach der Packungsanweisung bissfest kochen. Gut abtropfen lassen.

2 Die Hälfte des Öls in einer großen Pfanne erhitzen. Garnelen und Knoblauch darin 3-5 Minuten bei mittlerer Hitze braten, bis die Garnelen rosa sind und sich fest anfühlen.

3 Einen El Tomatenpaste zu den Garnelen geben, gut vermischen. Die Garnelen mit einem Schaumlöffel herausheben, in eine Schüssel geben und warm halten.

4 Das Öl in der Pfanne wieder erhitzen, restliches Öl und restliche Tomatenpaste hineinrühren. Falls die Mischung zu dick ist, mit etwas Wasser verdünnen.

5 Wenn die Mischung zu zischen beginnt, die Nudeln hineinrühren, mit Salz und Pfeffer abschmecken und gut vermengen.

6 Die Garnelen ebenfalls in die Pfanne geben, vermischen. Mit Basilikum und Tomatenstreifen verzieren und sofort servieren.

KOCH-TIPP

Tomatenpaste können Sie selber herstellen. Getrocknete Tomaten für eine halbe Stunde in Flüssigkeit einweichen und dann mit ihrem Öl in der Küchenmaschine verarbeiten. Pikanter wird's mit Anchovis und Kapern.

Garnelen und Fisch in Kräutersoße

Ohne die traditionellen Fisch- und Meeresfrüchtegerichte ist ein Fest in Indien undenkbar. Die Menschen verwenden fast immer Senföl, das einen besonderen Geschmack und Aroma entfaltet.

ZUTATEN

4-6 Portionen

5 cm frische Ingwerwurzel
3 Knoblauchzehen
1 große Stange Lauch, grob gehackt
4 grüne Chilischote
1 El Pflanzenöl (nach Belieben)
4 El Senföl
1 El Korianderpulver
½ Tl Fenchelsamen
1 El zerstoßene Senfsamen oder 1 Tl Senfpulver
175 ml Kokosnussmilch
225 g Engelbarsch, in Scheiben
225 g rohe Riesengarnelen, küchenfertig, mit ganzen Schwänzen
Salz
115 g frisches Koriandergrün, gehackt
grüne Chilischoten, zum Verzieren

1 In einer Küchenmaschine Ingwer, Knoblauch, Lauch und Chili zu einer groben Paste mahlen. Ist die Paste zu trocken, Öl zufügen.

2 Paste und Senföl in eine Pfanne geben, erhitzen und gut verrühren. Offen köcheln, die Mischung nicht zu heiß werden lassen: Senföl kann bei zu großer Hitze stechenden, unangenehmen Qualm entwickeln.

3 Korianderpulver, Fenchel- und Senfsamen und Kokosnussmilch in die Pfanne geben. Sanft zum Kochen bringen. Ohne Deckel ca. 5 Minuten köcheln lassen.

4 Den Fisch zugeben und 2 Minuten köcheln lassen. Die Garnelen unterheben und dünsten, bis sie hell orange-rosa scheinen. Salzen, Korianderblätter unterheben und mit den grünen Chilischoten verzieren. Heiß servieren.

Süßsaure Garnelen

Falls erhältlich, ungekochte Garnelen verwenden. Wenn Sie fertig gekochte Garnelen nehmen, geben Sie sie unfrittiert in die Soße.

ZUTATEN

4-6 Portionen

450 g Riesengarnelen mit Schale

Pflanzenöl, zum Frittieren

Salatblätter, zum Servieren

Für die Soße

1 El Pflanzenöl

1 El fein gehackte Frühlingszwiebeln

2 Tl fein gehackte Ingwerwurzel

2 El Sojasoße

2 El brauner Zucker

3 El Reisessig

1 El chinesischer Reiswein oder trockener Sherry

100 ml Hühner- oder Gemüsebrühe

1 El Maismehl

einige Tropfen Sesamöl

1 Die weichen Beine von den Garnelen ziehen, ohne die Schalen zu entfernen. Abtrocknen.

2 In einem großen Topf oder einer Fritteuse das Pflanzenöl auf 180 Grad erhitzen. Die Garnelen ca. 35-40 Sekunden frittieren, bis ihre graue Farbe zu einem hellen Orange wird. Herausnehmen und abtropfen lassen.

3 Für die Soße das Öl in einem vorgewärmten Wok erhitzen, Frühlingszwiebeln und Ingwer zufügen und würzen. Die Brühe zugeben und zum Kochen bringen.

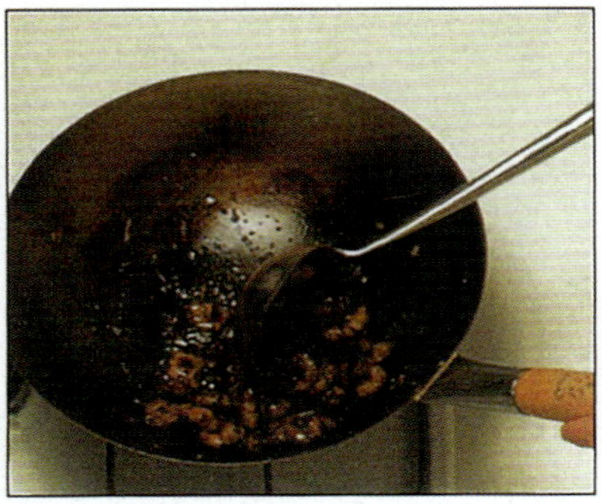

4 Garnelen in die Soße geben, gut vermengen. Das Maismehl ebenfalls zugeben und rühren, bis die Soße geschmeidig ist. Sesamöl darüber träufeln. Die Garnelen auf einem Salatblätter-Bett servieren.

Grünes Garnelencurry

Ein beliebtes, duftendes, cremiges Curry, das wenig Zeit benötigt. Es kann auch mit Hühnerfleisch zubereitet werden.

ZUTATEN

4-6 Portionen

2 El Pflanzenöl

2 El grüne Currypaste

450 g rohe Riesengarnelen, küchenfertig

4 Limettenblätter, zerrissen

1 Stück Zitronengras, fein gehackt

250 ml Kokosnussmilch

2 El Fischsoße

1/2 Salatgurke, entkernt und in dünne Stifte geschnitten

10-15 Basilikumblätter

4 grüne Chilischoten, in Scheiben, zum Verzieren

1 Das Öl in einer Bratpfanne erhitzen. Die Currypaste darin braten, bis sie köchelt und duftet.

2 Garnelen, Limettenblätter und Zitronengras dazugeben und 1-2 Minuten braten, bis die Garnelen rosa werden.

3 Die Kokosnussmilch hineinrühren und sanft zum Köcheln bringen. Unter gelegentlichem Rühren 5 Minuten köcheln, aber nicht überkochen lassen.

4 Fischsoße, Gurke und Basilikum hineinrühren, grüne Chilischoten darauf geben und servieren.

Panierte Garnelen

Servieren Sie diese knusprigen Garnelen mit Dips nach Ihrem Geschmack.

ZUTATEN

4 Portionen

100 g Polenta (Maisgrieß)
1-2 Tl Cayennepfeffer
1/2 Tl gemahlener Kreuzkümmel
1 Tl Salz
2 El gehacktes frisches Koriandergrün (oder Petersilie)
1 kg große rohe Garnelen, küchenfertig
Mehl, zum Bestreuen
50 ml Pflanzenöl
115 g grob geriebener Cheddarkäse
Limettenspalten und Tomatensalsa oder -würze, zum Servieren

1 Polenta, Cayennepfeffer, Kreuzkümmel, Salz und Koriander in einer Schüssel mischen.

2 Die Garnelen leicht mit Mehl bestäuben, in Wasser tunken und dann in der Polentamischung rollen, gleichmäßig panieren.

3 Das Öl in einer Pfanne erhitzen. Die Garnelen, evtl. portionsweise, in dem heißen Öl 2-3 Minuten auf jeder Seite braten, bis sie ganz durch sind. Auf Küchenpapier abtropfen lassen.

4 Den Grill vorheizen. Die Garnelen auf ein Backblech oder in vier feuerfeste Schüsseln geben. Den Käse darüber streuen. 2-3 Minuten grillen. Mit Zitronenspalten und Tomatensalsa servieren.

Garnelencurry mit Wachteleiern

Wachteleier gibt es in Delikatessengeschäften. Alternativ können Sie Hühnereier verwenden: Ein Hühnerei entspricht vier Wachteleiern.

ZUTATEN

4-6 Portionen

12 Wachteleier
2 El Pflanzenöl
4 Schalotten oder 1 mittelgroße Zwiebel, fein gehackt
2,5 cm frische Ingwerwurzel, geschält und fein gehackt
2 gepresste Knoblauchzehen
1 Stück Zitronengras, 5 cm lang, in feine Streifen geschnitten
1-2 kleine rote Chilischoten, entkernt und fein gehackt
1/2 Tl Kurkumapulver
1 El Fischsoße
900 g ganze, frische Garnelenschwänze, küchenfertig
400 ml Kokosnussmilch
300 ml Hühnerbrühe
115 g Chinakohl, in grobe Streifen geschnitten
2 Tl Zucker
1/2 Tl Salz
von 2 Frühlingszwiebeln nur die grünen Teile, in Streifen geschnitten, und 2 El geriebene Kokosnuss, zum Verzieren

1 Die Wachteleier 8 Minuten kochen. Kalt abschrecken, schälen und zur Seite stellen.

2 Das Pflanzenöl in einem Wok erhitzen, Schalotten oder Zwiebeln, Ingwer und Knoblauch zugeben und weich dünsten, ohne dass sie braun werden. Dann Zitronengras, Chili, Kurkuma und Fischsoße zugeben, kurz andünsten.

3 Garnelen zugeben und kurz braten. Die Kokosnussmilch durch ein Sieb in eine Schüssel geben und die klare aufgefangene Milch mit der Hühnerbrühe zu den Garnelen geben. Chinakohl, Zucker und Salz zufügen, zum Kochen bringen und 6-8 Minuten köcheln lassen.

4 In eine Servierschüssel geben, die Wachteleier halbieren und in die Soße rühren. Mit dem Frühlingszwiebelgrün und den Kokosnussraspeln bestreut servieren.

Indonesischer Garnelenreis

Nasi Goreng ist vorzüglich für eine schmackhafte Resteverwertung. In Indonesien gibt's viele Varianten dieses Gerichts. Reis ist die Hauptzutat, und fast alles kann hinzugefügt werden.

ZUTATEN

4-6 Portionen

3 Eier
Salz
4 El Pflanzenöl
6 Schalotten oder 1 große Zwiebel, gehackt
2 gepresste Knoblauchzehen
2,5 cm frische Ingwerwurzel, geschält und fein gehackt
2-3 rote Chilischoten, entkernt, gehackt
1 El Tamarindensoße (Asienladen)
1 El Fischsoße
1/2 Tl Kurkumapulver
2 Tl ungesüßte Kokosnusscreme
Saft von 2 Limetten
2 Tl Zucker
350 g mageres Schweinefleisch oder Hühnerbrustfilet, gehäutet und in Scheiben geschnitten
350 g rohe oder gekochte Garnelenschwänze, geschält
175 g Sojasprossen
175 g Chinakohl
175 g TK-Erbsen, aufgetaut
250 g Langkornreis, gekocht
1 kleines Bund Koriander oder Basilikum, grob gehackt, zum Verzieren

1 Die Eier mit einer Prise Salz verschlagen. Eine beschichtete Pfanne ohne Fettzugabe bei kleiner Hitze erwärmen. Eier hineingeben, stocken lassen, dabei die Pfanne leicht bewegen. Wenn das Ei fest geworden ist, Eierkuchen aufrollen, in dünne Scheiben schneiden, zugedeckt beiseite stellen.

2 1 El Öl in einem Wok erhitzen und die Schalotten oder Zwiebel gleichmäßig bräunen. Aus der Pfanne nehmen, zur Seite stellen und warm halten.

3 Das restliche Öl in dem Wok erhitzen, Knoblauch, Ingwer und Chili dazugeben und weich dünsten, ohne dass das Gemüse bräunt. Tamarinden- und Fischsoße, Kurkuma, Kokosnuss, Limettensaft und Zucker hineinrühren, Salz nach Geschmack. Unter ständigem Rühren kurz bei mäßiger Hitze kochen. Das Fleisch und die Garnelen zugeben und 3-4 Minuten braten.

4 Sojasprossen, Chinakohl, Erbsen und Gewürze hineingeben und kurz dünsten. Den Reis dazugeben, unter Rühren 6-8 Minuten weiter dünsten. Auf eine große Servierplatte geben, mit den Eierkuchenstreifen, den gebräunten Schalotten oder Zwiebeln und den gehackten Kräutern verzieren.

Gedämpfte Chilimuscheln

Mit zusätzlichen roten Chilischoten wird's richtig scharf.

ZUTATEN

6 Portionen

2 rote, frische Chilischoten
6 reife Tomaten
2 El Erdnussöl
2 gepresste Knoblauchzehen
2 fein gehackte Schalotten
1,1 kg frische Muscheln
2 El Weißwein
2 El gehackte frische Petersilie, zum Verzieren
Baguette, zum Servieren

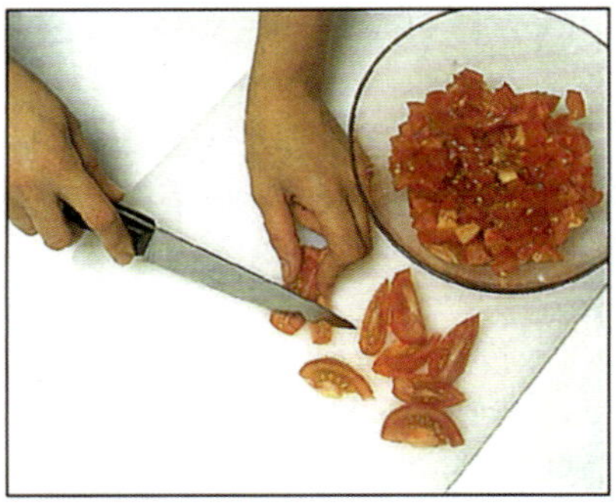

1 Die frischen Chilischoten entkernen und grob hacken. Die Tomaten grob hacken.

2 Das Öl in einem schweren, großen Topf erhitzen. Den Knoblauch und die Schalotten darin glasig dünsten.

3 Chili und Tomaten einrühren und 10 Minuten kochen.

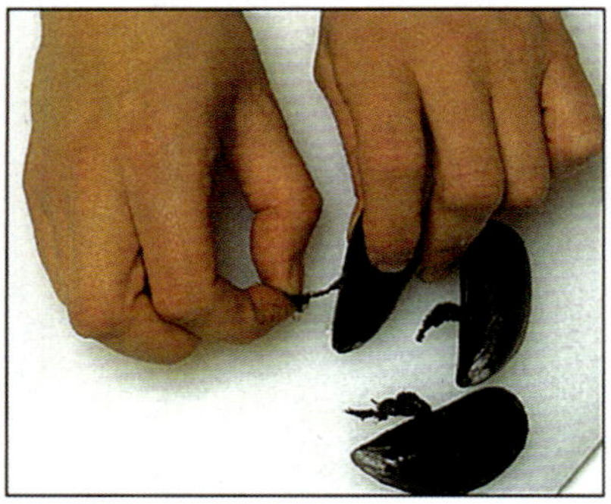

4 Inzwischen die Muscheln entbarten und abschrubben. Alle, die sich nicht schließen, wenn sie leicht angetippt werden, entfernen.

5 Muscheln und Wein in den Topf geben, zugedeckt 5 Minuten kochen, bis sich die Muscheln öffnen. Muscheln, die sich nicht öffnen, wegwerfen. Mit Petersilie bestreuen und mit Baguette servieren.

Würziger Tintenfisch

Dieses aromatisch gewürzte Tintenfischgericht - Cumi Cumi Smoor, eine Beliebtheit in Madura, Indonesien - ist einfach und doch köstlich. Das Reinigen und Vorbereiten des Tintenfischs bleibt uns erspart: Man kann ihn fertig gesäubert beim Fischhändler, auf dem Markt oder im Kühlregal des Supermarkts erwerben.

ZUTATEN

3-4 Portionen

675 g Tintenfisch, küchenfertig
3 El Erdnussöl
1 fein gehackte Zwiebel
2 gepresste Knoblauchzehen
1 Fleischtomate, geschält und gehackt
1 El dunkle Sojasoße
1/2 Tl gemahlener Muskat
6 Gewürznelken
Saft von 1/2 Zitrone oder Limette
Salz und frisch gemahlener, schwarzer Pfeffer
gekochter Reis, zum Servieren

1 Den Tintenfischkörper in Bänder schneiden, die Fühler hacken. Abwaschen und abtropfen.

2 Einen Wok erhitzen, die Fischteile hineingeben und für 2-3 Minuten ständig rühren: Er wird sich dann in attraktive Formen oder in Ringe gerollt haben. Herausnehmen und warm stellen.

3 Öl in einer Pfanne erhitzen. Zwiebel und Knoblauch zugeben und leicht bräunen. Tomaten, Sojasoße, Muskat, Nelken, 150 ml Wasser und Zitronen- oder Limettensaft dazugeben. Aufkochen, die Temperatur reduzieren, den Tintenfisch hineingeben und würzen.

4 Unter gelegentlichem Rühren weitere 3-5 Minuten leicht kochen – Achtung: nicht überkochen lassen. Heiß oder warm mit gekochtem Reis servieren.

VARIATION

Rezept mit 450 g gekochten, geschälten Garnelen: in den letzten 1-2 Minuten dazugeben.

Farfalle mit Garnelen

Sahnige Soßen sind nicht die einzig möglichen Beilagen zu Fisch mit Pasta. Die frische Garnelensoße lässt den Fischgeschmack deutlich hervortreten.

ZUTATEN

4 Portionen

225 g frische oder getrocknete Farfalle (Schmetterlingsnudeln)
350 g rohe oder gekochte Garnelen
115 g ungesalzene Butter
2 gepresste Knoblauchzehen
3 El gehackte frische Petersilie
Salz und schwarzer Pfeffer

1 Frische Pasta 2-3 Minuten in Salzwasser weich, aber bissfest, kochen, trockene nach der Packungsanweisung. Garnelen schälen und entdarmen.

2 Die Butter in einem großen, schweren Topf mit dem Knoblauch und der Petersilie erhitzen. Die Garnelen hineingeben und 8 Minuten dünsten (bei gekochten Garnelen nur 4 Minuten).

3 Die Nudeln in ein Sieb geben, mit kochendem Wasser übergießen, gut abtropfen lassen.

4 Die Pasta in die Garnelenmischung rühren. Mit Salz und Pfeffer abschmecken und servieren.

Tagliatelle mit Safranmuscheln

Muscheln in einer Safransahnesoße werden in diesem Rezept mit Tagliatelle serviert – jede andere Nudelsorte geht auch.

ZUTATEN

4 Portionen

1,75 kg Muscheln

150 ml Weißwein

350 g getrocknete Tagliatelle

2 gehackte Schalotten

2 gepresste Knoblauchzehen

250 g Creme double

eine großzügige Prise Safranfäden, in 2 Tl heißem Wasser eingeweicht

1 Eigelb

Salz und frisch gemahlener, schwarzer Pfeffer

2 El gehackte frische Petersilie

1 Muscheln unter fließend kaltem Wasser abspülen, die Bärte entfernen. Beschädigte Muscheln und solche, die sich nicht schließen, wenn man sie antippt, entfernen.

2 Muscheln mit Wein und Schalotten in einem Topf zugedeckt bei großer Hitze 5-8 Min. kochen, bis sich die Muscheln öffnen, ab und zu den Topf schütteln. Muscheln abtropfen lassen, Kochflüssigkeit aufheben. Geschlossene Muscheln entfernen. Einige Muscheln ungeschält lassen, den Rest schälen und warm halten.

3 Aufgehobene Flüssigkeit aufkochen und bei starker Hitze auf die Hälfte einkochen. Durch ein feines Sieb geben, eventuelle Sandreste entfernen.

4 Die Tagliatelle nach der Packungsanweisung in Salzwasser bissfest kochen.

5 Butter in einem Topf schmelzen und Knoblauch 1 Minute dünsten. Muschelflüssigkeit, Creme double und Safran zugeben, Soße bei leichter Hitze einkochen lassen. Vom Herd nehmen und Eigelb, geschälte Muscheln, Gewürze hineinrühren.

6 Nudeln abtropfen lassen und in Schüsseln geben. Die Soße darüber gießen, mit Petersilie und den Muscheln in der Schale anrichten und sofort servieren.

Linguine mit Venusmuscheln

Die Soße sorgt für den wahren Meeresfrüchtegeschmack. Mit Muscheln aus der Dose und einem gemischten Salat ist dies ein schnelles Gericht für Eilige.

ZUTATEN

4 Portionen

350 g Linguine (dünne Nudeln)
25 g Butter
2 Stangen Lauch, in dünnen Scheiben
150 ml trockener Weißwein
4 Tomaten, enthäutet, entkernt und gehackt
gemahlener Kurkuma (nach Belieben)
2 El gehackter, frischer Basilikum
4 El Crème fraîche
Salz und schwarzer Pfeffer

1 Die Nudeln nach der Packungsanweisung kochen.

2 Inzwischen die Butter in einem kleinen Topf schmelzen und den Lauch ca. 5 Minuten sanft dünsten, ohne dass er Farbe annimmt.

3 Wein, Tomaten und evtl. Kurkuma aufkochen und auf die Hälfte einkochen lassen.

4 Muscheln, Basilikum und Crème fraîche hineinrühren, abschmecken und weiterdünsten, aber nicht mehr kochen lassen.

5 Die Nudeln gut abtropfen lassen und mit der Soße verrühren. Sofort servieren.

Makkaroni mit Garnelen

Ein schnelles, leichtes Gericht für Mittag- oder Abendessen.

ZUTATEN

4 Portionen

350 g kurze Makkaroni
3 El Olivenöl
12 rohe Riesengarnelen, küchenfertig
1 gehackte Knoblauchzehe
175 g geräucherter Schinken, gewürfelt
150 ml Rotwein
½ Radicchio, fein geschnitten
2 Eigelb, verschlagen
2 El gehackte glatte Petersilienblätter
150 g Creme double
Salz und frisch gemahlener, schwarzer Pfeffer

1 Die Nudeln nach der Packungsanweisung kochen.

2 Öl in einer Pfanne erhitzen und Garnelen, Knoblauch und Schinken unter gelegentlichem Rühren ca. 5 Minuten, bis die Garnelen weich sind, braten.

3 Wein und Radicchio dazugeben, aufkochen und bei großer Hitze auf die Hälfte einkochen lassen.

4 Eigelb, Petersilie und Creme double zufügen und unter Rühren fast zum Kochen bringen, sanft köchelnd cremig einkochen lassen. Mit Gewürzen abschmecken.

5 Die Nudeln gut abtropfen lassen und mit der Soße verrühren. Mit Basilikum verzieren und sofort servieren.

KOCH-TIPP

Glatte Petersilie ist geschmacklich intensiver als krause. Wenn was übrig bleibt: fein hacken und in kleinen Portionen einfrieren.

Muscheln in grüner Soße

Die auffallenden Farben machen dieses Gerichts unwiderstehlich.

ZUTATEN

4 Portionen

120 g Crème fraîche
2 Tl grobkörniger Senf
2 gepresste Knoblauchzehen
2-3 El frischer Limettensaft
4 El gehackte frische Petersilie
2 El Schnittlauchröllchen
350 g schwarze Tagliatelle
12 große, vorbereitete Kammmuscheln
4 El Weißwein
150 ml Fischbrühe
Salz und schwarzer Pfeffer
Limettenspalten und Petersilienzweige

1 Für die grüne Soße Crème fraîche, Senf, Knoblauch, Limettensaft, Kräuter und Gewürze in einer Schüssel mischen.

2 Die Nudeln nach der Packungsanweisung in Salzwasser kochen. Gut abtropfen lassen.

3 Die Muscheln horizontal halbieren, alle Korallen ganz lassen. Wein und Fischbrühe in einem Topf zum Köcheln bringen. Die Muscheln 3-4 Minuten sanft kochen.

4 Muscheln herausnehmen. Kochflüssigkeit bei großer Hitze auf die Hälfte einkochen. Grüne Soße zugeben, erwärmen, Muscheln dazugeben und 1 Minute kochen. Soße über die schwarzen Nudeln löffeln, mit Limettenspalten und Petersilie verzieren.

Spagetti mit Meeresfrüchten

Scheiben italienischen Brotes passen am besten zu der Nudelsoße mit Mittelmeergeschmack.

ZUTATEN

4 Portionen

1 Tl Olivenöl
350 g Spagetti
50 g Butter
1 gehackte Zwiebel
1 rote Paprikaschote, entkernt und grob gewürfelt
1 Tl Paprikapulver
450 g frische Muscheln
150 ml trockener Weißwein
2 El gehackte frische Petersilie
225 g geschälte, gekochte Garnelen
150 g Crème fraîche
Salz und schwarzer Pfeffer
fein gehackte, frische, glatte Petersilie, zum Verzieren
italienisches Brot, zum Servieren

1 In einem großen Topf leicht gesalzenes Wasser aufkochen. Spagetti und Olivenöl hineingeben. Erneut aufkochen, die Temperatur verringern und die Spagetti in 8-10 Minuten bissfest kochen.

2 Butter schmelzen, Zwiebel, Paprika, Knoblauch und Paprikapulver 5 Min. darin dünsten.

3 Die Muscheln entbarten und abschrubben. Muscheln, die sich nach einem leichten Antippen nicht öffnen, wegwerfen.

4 Wein zu der Paprikamischung gießen und aufkochen.

5 Muscheln, Petersilie und Garnelen dazugeben, zugedeckt 5 Minuten, bis sich die Muscheln öffnen, köcheln lassen. Geschlossen gebliebene Muscheln aussortieren.

6 Muscheln und Garnelen mit einem Schaumlöffel heraus nehmen und warm halten. Flüssigkeit aufkochen und auf die Hälfte einkochen lassen.

7 Crème fraîche einrühren und Muscheln und Garnelen zurück in den Topf geben und bei niedriger Hitze 1 Minute köcheln lassen. Abschmecken und würzen.

8 Die Spagetti gut abtropfen lassen und auf vier Teller verteilen. Die Muscheln und Garnelen und die Soße darauf verteilen und leicht mischen. Mit der glatten Petersilie garnieren und sofort mit italienischem Brot servieren.

SALATE

Warmer Fischsalat mit Mangosoße

Diesen Salat kann man im Sommer gut draußen servieren. Die Soße verbindet den fruchtigen Mangogeschmack mit scharfem Chili, Ingwer und Limette.

ZUTATEN

4 Portionen

- 1 Baguette
- 4 Stück Rotbarsch, schwarze Brasse oder Rotbrasse, je ca. 275 g
- 1 El Pflanzenöl
- 1 Mango
- 1 cm frische Ingwerwurzel
- 1 frische, rote Chilischote, entkernt und fein gehackt
- 2 El Limettensaft
- 2 El gehackter, frischer Koriander
- 175 g junger Spinat
- 150 g Paksoi (oder Chinakohl oder Mangold)

1 Das Baguette auf 20 cm Länge schneiden, der Länge nach in fingerdicke Streifen schneiden. Das Brot auf ein Backblech legen und im auf 180 Grad vorgeheizten Ofen 15 Minuten backen. Die Fische auf beiden Seiten mit einem scharfen Messer mehrmals einschneiden und mit Öl beträufeln. Unter vorgeheiztem Grill 6 Minuten grillen, dabei einmal wenden.

2 Mango schälen und das Fleisch in Scheiben vom Kern schneiden. Die Hälfte davon in eine Küchenmaschine geben. Ingwer schälen, fein reiben und mit Chili, Limettensaft und Koriander in der Küchenmaschine zu einer glatten Masse verarbeiten. Wenn die Soße zu fest ist, 2-3 El Wasser zufügen.

3 Salatblätter waschen, trockentupfen und gleichmäßig auf 4 Teller verteilen. Den Fisch auf die Blätter geben, die Mangosoße darüber löffeln. Mit Mangoscheiben und Cocktailtomaten anrichten und mit den knusprigen Baguettestreifen servieren.

KOCH-TIPP

Filets, Schnitzel oder Lachssteak, Tunfisch, Seebarsch und Heilbutt eignen sich ebenfalls für den Salat.

Spinatsalat mit Garnelen

Diesen heißen Salat mit viel knusprigem Brot servieren, um die köstliche Soße aufzutunken.

ZUTATEN

4 Portionen

- 7 El Olivenöl
- 2 El Sherry-Essig
- 2 fein gehackte Knoblauchzehen
- 1 Tl Dijonsenf
- 12 gekochte Riesengarnelen
- 115 g Räucherspeck ohne Schwarte, in Streifen geschnitten
- ca. 115 g frische, junge Spinatblätter
- 1/2 Kopf Eichblattsalat, grob zerpflückt
- Salz und frisch gemahlener, schwarzer Pfeffer

1 Für die Soße 6 El Olivenöl mit Essig, Knoblauch, Senf und Gewürzen in einem kleinen Topf mit einem Schneebesen verschlagen. Bei sanfter Hitze leicht dicklich einkochen lassen, warm halten.

2 Garnelen schälen, die Schwänze ganz lassen. Zur Seite legen.

3 Das restliche Öl in einer Pfanne erhitzen, den Speck darin unter gelegentlichem Rühren knusprig goldbraun braten. Garnelen zugeben und unter ständigem Rühren einige Minuten erwärmen.

4 Währenddessen die Spinat- und Salatblätter auf 4 Teller verteilen.

5 Die Speck-Garnelen-Mischung auf die Blätter geben, die Soße darüber gießen und sofort servieren.

KOCH-TIPP

Sherry-Essig gibt diesem Salat einen scharfen Geschmack. Sie bekommen ihn in Supermärkten.

Lachs-Tunfisch-Pakete

Sie brauchen relativ große Lachsscheiben: Darauf kommt eine Füllung aus Tunfisch und daraus werden kleine Päckchen gefaltet. Dazu ein vitaminreicher Salat: Dafür sorgen die Kiwis.

ZUTATEN

4 Portionen

2 El Naturjogurt
1 El Tomatenpaste
1 Tl grobkörniger Senf
geriebene Schale und Saft von 1 Limette
200 g Tunfisch in Salzwasser, abgetropft
130 g geräucherte Lachsscheiben
Salz und frisch gemahlener, schwarzer Pfeffer
frische Minzeblätter, zum Verzieren

Für den Salat

3 Tomaten, in Scheiben
2 Kiwis, geschält und in Scheiben
1/4 Salatgurke, in Stäbchen geschnitten

Für die Minzvinaigrette

1 El Weinessig
3 El Olivenöl
1 El gehackte, frische Minze

1 Jogurt, Tomatenpaste und Senf in einer Schüssel mischen. Limettenschale, -saft und Tunfisch hineinrühren. Mit schwarzem Pfeffer abschmecken und vermengen.

2 Lachsscheiben auf einem Brett ausbreiten und je einen Löffel der Tunfischmischung darauf geben.

3 Lachsscheiben zu hübschen Paketen rollen oder falten, die Ecken fest aufeinander drücken.

4 Für den Salat die Tomaten und Kiwischeiben auf 4 Tellern anordnen. Die Gurkenstifte darüber streuen.

5 Für die Vinaigrette alle Zutaten in ein Glas mit Schraubverschluss geben, salzen und pfeffern, kräftig schütteln. Etwas Vinaigrette über jeden Salatteller löffeln.

6 Die Lachspakete auf die Salatteller verteilen, mit den Minzeblättern dekorieren und servieren.

KOCH-TIPP

Ernährungsexperten empfehlen, mit Fetten sparsam umzugehen, speziell mit sog. gesättigten Fettsäuren. Ungesättigte Fettsäuren (z. B. in Olivenöl) sind z. T. sogar unentbehrlich für den menschlichen Organismus. Wenn Sie statt der Vinaigrette eine Soße ohne Öl wählen, wird dieses kalorienarme Gericht noch leichter.

Warmer Lachssalat

Leicht und frisch, eignet sich dieser Salat als sommerliches Mittagessen. Sofort servieren, sonst verlieren die Salatblätter ihre Farbe und Frische.

ZUTATEN

4 Portionen

450 g Lachsfilet, ohne Haut
2 El Sesamöl
geriebene Schale einer _ Orange
Saft einer Orange
1 Tl Dijonsenf
1 El gehackter frischer Estragon
3 El Erdnussöl
115 g feine, grüne Bohnen, geschnitten
175 g gemischte Salatblätter, z. B. von jungem Spinat, Radicchio, Endivien oder Eichblattsalat
Salz und frisch gemahlener, schwarzer Pfeffer

1 Den Lachs in mundgerechte Stücke schneiden. Für die Soße Sesamöl, Orangenschale und -saft, Senf, Estragon und die Gewürze in einer Schüssel verrühren und beiseite stellen.

2 Das Erdnussöl in einer Pfanne erhitzen. Die Lachsstücke darin in 3-4 Minuten hellbraun braten, innen soll der Fisch noch zart sein.

3 Inzwischen die Bohnen in kochendem Salzwasser 5-6 Minuten bissfest garen.

4 Die Soße zum Lachs geben und 30 Sekunden kochen. Die Pfanne vom Herd nehmen.

5 Die Salatblätter auf 4 Teller verteilen. Die Bohnen abtropfen lassen und auf die Blätter legen. Den Lachs und den Bratensud darauf löffeln, mit Sesam bestreuen und sofort servieren.

Melonen-Krebs-Salat

Ideal im Sommer – Krebs und Melonen sind leicht erhältlich.

ZUTATEN

6 Portionen

450 g frisch gekochtes Krebsfleisch
120 g Mayonnaise
3 El Sauerrahm oder Naturjogurt
2 El Olivenöl
2 El frischer Zitronen- oder Limettensaft
2-3 Frühlingszwiebeln, fein gehackt
2 El fein gehackter, frischer Koriander
1/4 Tl Cayennepfeffer
1½ Honig- oder Netzmelonen
3 Chicoreekolben
Salz und frisch gemahlener, schwarzer Pfeffer
frische Korianderzweige, zum Verzieren

1 Aus dem Krebsfleisch Schalen und Knorpelreste entfernen, die Krebsstücke so groß wie möglich lassen.

2 In einer Schüssel Mayonnaise, Sauerrahm oder Jogurt, Olivenöl, Zitronen- oder Limettensaft, Frühlingszwiebeln, Koriander und Cayennepfeffer gut vermischen, salzen und pfeffern. Das Krebsfleisch unterheben.

3 Die Melonen halbieren und entkernen. Die Melonenhälften in dünne Scheiben schneiden, die Schale entfernen.

4 Den Salat auf 6 Teller verteilen, die Melonenscheiben und die Chicoreeblätter dekorativ darauf anordnen. Jeweils eine Portion Krebsmischung auf die Teller geben und mit ein oder zwei Korianderzweigen schmücken.

Mittelmeersalat mit Basilikum

Alles, was das Mittelmeer zu bieten hat: in den Nudeln mit einer Art Nizzasalat.

ZUTATEN

4 Portionen

225 g kurze Nudeln
175 g feine, grüne Bohnen
2 reife, große Tomaten
50 g frische Basilikumblätter
200 g Tunfisch in Öl aus der Dose, abgetropft
2 hart gekochte Eier, in Scheiben
50 g Anchovisfilets aus der Dose, abgetropft
Salz und frisch gemahlener, schwarzer Pfeffer
Kapern und schwarze Oliven

Für die Soße

6 El kalt gepresstes Olivenöl
2 El weißer Weinessig oder Zitronensaft
2 gepresste Knoblauchzehen
1/2 Tl Dijonsenf
2 El gehackter, frischer Basilikum

1 Alle Soßenzutaten zusammenrühren, salzen und pfeffern. Durchziehen lassen, während Sie den Salat zubereiten.

2 Die Nudeln in genügend kochendem Salzwasser nach der Packungsanweisung kochen. Gut abtropfen und abkühlen lassen.

3 Die Bohnen schneiden und in kochendem Salzwasser 3 Minuten garen. Abtropfen und in kaltem Wasser abschrecken.

4 Tomaten vierteln oder in Scheiben schneiden und auf dem Boden einer Schale anordnen. Mit etwas Soße beträufeln und einem Viertel des Basilikums belegen. Bohnen darauf geben, mit etwas Soße beträufeln und mit dem restlichen Basilikums belegen.

5 Mit Pasta, wieder Soße, der Hälfte des verbliebenen Basilikums und dem Tunfisch bedecken.

6 Eier obenauf legen und darüber die Anchovisfilets, Kapern und schwarzen Oliven verteilen. Die restliche Soße darüber gießen und mit dem verbliebenen Basilikum verzieren. Sofort servieren. Den Salat nicht kühlen, da er an Geschmack verliert.

KOCH-TIPP

In Öl eingelegte Oliven mit Knoblauch, Zitronenschalen und Kräutern würden diesem Salat zusätzliches Aroma geben – schwarze, ausgereifte Oliven eignen sich dafür am besten. Marinierte Oliven gibt's in Supermärkten und auf dem Markt.

Avocadosalat mit Räucherfisch

Avocado und geräucherter Fisch bilden eine ideale Kombination und werden mit Kräutern zu einem delikaten Salat.

ZUTATEN

4 Portionen

15 g Butter oder Margarine
1/2 Zwiebel, in feinen Scheiben
1 Tl Senfsamen
225 g geräucherte Makrelen, zerpflückt
2 El gehackter, frischer Koriander
2 feste Tomaten, ohne Haut und gehackt
1 El Zitronensaft
Salz und schwarzer Pfeffer

Für den Salat

2 Avocados
1/2 Salatgurke
1 El Zitronensaft
2 feste Tomaten
1 grüne Chilischote finely chopped

1 Butter oder Margarine in einer Pfanne schmelzen. Zwiebel und Senfsamen darin in ca. 5 Minuten weich dünsten, aber nicht braun werden lassen.

2 Fisch, Korianderblätter, Tomaten und Zitronensaft dazugeben und bei niedriger Hitze 2-3 Minuten dünsten. Vom Herd nehmen und abkühlen lassen.

3 Die Avocados und Gurke schälen und in dünne Scheiben schneiden. In eine Schüssel geben und mit Zitronensaft beträufeln.

4 Tomaten in Scheiben schneiden. Chilischote fein hacken.

5 Die Fischmischung in die Mitte eines Serviertellers geben.

6 Avocado-, Gurken- und Tomatenscheiben um den Fisch anordnen. Oder die Fischmischung auf 4 Teller legen und Avocados, Gurken und Tomaten gleichmäßig darauf verteilen. Mit Chilistückchen und etwas Salz und Pfeffer bestreuen und servieren.

Tunfisch-Bohnen-Salat

Dieser Salat ergibt eine leichte Mahlzeit und kann schnell aus Konserven zubereitet werden.

ZUTATEN

4-6 Portionen

800 g kleine, weiße Bohnen aus der Dose
400 g Tunfisch aus der Dose, abgetropft
4 El kalt gepresstes Olivenöl
2 El frischer Zitronensaft
1 El gehackte frische Petersilie
3 Frühlingszwiebeln, in dünnen Scheiben
Salz und schwarzer Pfeffer

1 Die Bohnen in ein Sieb geben und unter kaltem Wasser abspülen. Gut abtropfen lassen. Auf eine Platte geben.

2 Den Tunfisch in große Stücke zerpflücken und auf den Bohnen anordnen.

3 Für das Dressing in einer kleinen Schüssel Öl mit Zitronensaft verrühren. Salzen und pfeffern und Petersilie hineinrühren, gut vermengen. Über die Bohnen und den Tunfisch gießen.

4 Die Frühlingszwiebeln darüber streuen. Vor dem Servieren gut vermischen.

Thailändischer Meeresfrüchtesalat

Dieser ungewöhnliche Salat mit Chili, Zitronengras und Fischsoße ist leicht und erfrischend.

ZUTATEN

4 Portionen

225 g fertig zubereiteter Tintenfisch
225 g rohe Riesengarnelen
8 Kammmuscheln, geschält
225 g fester, weißer Fisch
2-3 El Olivenöl
kleine, gemischte Salatblätter und Korianderzweige, zum Servieren

Für die Soße

5 kleine, frische, rote Chilischoten, entkernt und fein gehackt
5 cm Zitronengras, fein gehackt
2 frische Limettenblätter, geraspelt
2 El Fischsoße (z. B. thailändische Nam Pla)
2 El Reisessig
2 Tl Puderzucker

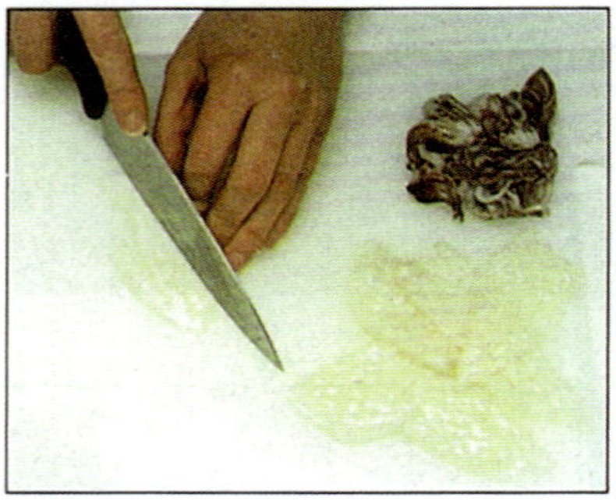

1 Den Tintenfischkörper öffnen, in quadratische Stücke schneiden und ein Kreuz-und-quer-Muster hineinkratzen, bei Bedarf die Fühler halbieren. Garnelen schälen und entdarmen, die bartartigen Fransen und den starken Muskel der Muscheln entfernen. Den Fisch würfeln.

2 Einen Wok oder eine Pfanne erhitzen. Öl darin schwenken, die Garnelen in 2-3 Minuten rosa braten. In eine große Schüssel schütten. Tintenfisch und Muscheln 1-2 Minuten rührend milchig braten, Zu den Garnelen geben. Den weißen Fisch 2-3 Minuten unter Rühren braten, zu den Meeresfrüchten geben. Alle Kochsude aufbewahren.

3 Alle Soßenzutaten mit den aufbewahrten Suden in eine Schüssel geben und gut vermischen.

4 Die Soße über die Meeresfrüchte gießen und vorsichtig vermischen. Die Salatblätter und Korianderzweige auf 4 Tellern anordnen und die Meeresfrüchte darauf verteilen. Sofort servieren.

Auberginensalat mit Garnelen

Ein Appetit anregender und ungewöhnlicher Salat, den man immer wieder gerne isst.

ZUTATEN

4-6 Portionen

12 Auberginen
1 El Öl
2 El getrocknete Garnelen (Asienladen), eingeweicht und abgetropft
1 El grob gehackter Knoblauch
2 El frisch gepresster Limettensaft
1 Tl brauner Zucker
2 El Fischsoße
1 hart gekochtes Ei, geschält und gehackt
4 Schalotten, in feine Ringe geschnitten
Korianderblätter und 2 rote Chilischoten, entkernt und in dünnen Scheiben

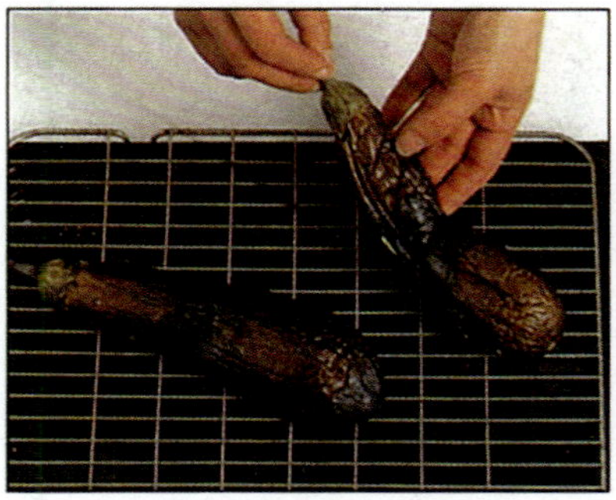

1 Auberginen auf einem Rost braun und weich braten.

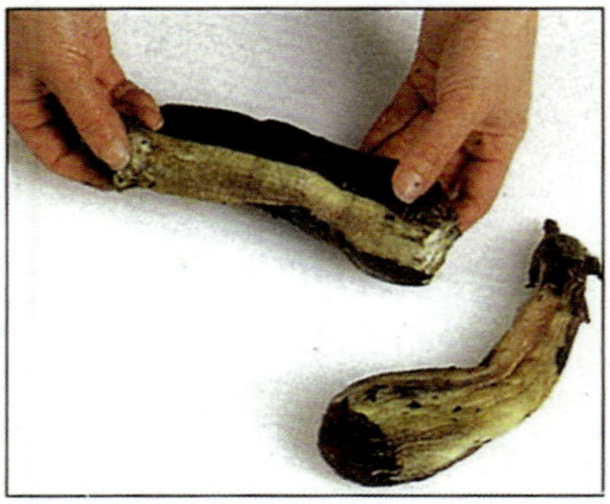

2 Wenn die Auberginen kühl genug sind, schälen und das Fleisch in Scheiben schneiden.

3 Das Öl in einer kleinen Pfanne erhitzen, die abgetropften Garnelen und den Knoblauch 3-4 Minuten goldbraun braten, herausnehmen und beiseite stellen.

4 Für die Soße Limettensaft, Zucker und Fischsoße in einer kleinen Schüssel gut verrühren.

5 Vor dem Servieren die Auberginen auf einer Platte ordnen und mit Eiern, Schalotten und der Garnelenmischung belegen. Mit der Soße beträufeln und mit Koriander und Chili verzieren.

KOCH-TIPP

Probieren Sie anstelle von Hühnerei gesalzene Enten- oder Wachteleier: Eier nur halbieren, nicht hacken.

Kräuter-Meeresfrüchte-Salat

Dieser Salat bildet mit den Nudeln eine Mahlzeit für sich.

ZUTATEN

4-6 Portionen

250 ml Fischbrühe oder Wasser
350 g Tintenfisch, gesäubert, in Ringe geschnitten
12 rohe Garnelen, geschält und entdarmt
12 Kammmuscheln, gesäubert
50 g Glasnudeln, 30 Minuten in warmem Wasser eingeweicht
1/2 Salatgurke, in dünnen Stäbchen
1 Stück Zitronengras, fein gehackt
2 Limettenblätter, fein geraspelt
2 Schalotten, in feinen Scheiben
Saft von 1-2 Limellen
2 El Fischsoße
2 El Korianderblätter
12-15 Minzeblätter, grob zerrissen
4 rote Chilischoten, in Scheiben
Korianderzweige, zum Verzieren

1 Fischbrühe oder Wasser in einen mittleren Topf geben und bei starker Hitze aufkochen.

2 Jede Meeresfrucht getrennt in den Topf geben und einige Minuten kochen. Herausnehmen und zur Seite stellen.

3 Die Glasnudeln abtropfen und ca. 5 cm lang schneiden. Mit den gekochten Meeresfrüchten mischen.

4 Gurke, Zitronengras, Limettenblätter, Schalotten, Limettensaft, Fischsoße, Koriander- und Minzeblätter und Chili dazugeben und gut vermengen. Mit den Korianderzweigen verzieren und servieren.

Pomelosalat

Pomelo ist eine birnenförmige Frucht, die der Grapefruit ähnelt.

ZUTATEN

4-6 Portionen

2 El Pflanzenöl
4 Schalotten, in feinen Scheiben
2 Knoblauchzehen, in feinen Scheiben
1 große Pomelo
1 El geröstete Erdnüsse
115 g gekochte, geschälte Garnelen
115 g gekochtes Krebsfleisch
10-12 kleine Minzeblätter
2 Frühlingszwiebeln, in feinen Scheiben
2 rote Chilischoten, entkernt, in Scheiben
Korianderblätter, zum Verzieren
geraspelte, frische Kokosnuss

Für die Soße

2 El Fischsoße
1 El brauner Zucker
2 El Limettensaft

1 Für die Soße Fischsoße, Zucker und Limettensaft vermischen und beiseite stellen.

2 Das Öl in einem kleinen Topf erhitzen und Schalotten und Knoblauch 3-4 Minuten goldbraun braten. Herausnehmen und beiseite stellen.

3 Pomelo schälen und in kleine Filets zerteilen, dabei alle Häutchen entfernen.

4 Die Erdnüsse grob mahlen und mit Pomelofilets, Garnelen, Krebsfleisch, Minzeblättern und der Schalottenmischung verrühren. Die Salatsoße hineinrühren, mit Frühlingszwiebeln, Chiliwürfeln, Korianderblättern und nach Belieben mit Kokosnuss bestreuen und servieren.

Garnelensalat mit Currysoße

Currywürze gibt dem Salat einen überraschenden Geschmack – sie harmoniert gut mit süßen Garnelen und geriebenem Apfel.

ZUTATEN

4 Portionen

1 reife Tomate

1/2 Eisbergsalat, in Streifen geschnitten

1 kleine Zwiebel

1 kleines Bund frischer Koriander

1 El Zitronensaft

450 g gekochte, geschälte Garnelen

1 geschälter Apfel

Salz

8 ganze, gekochte Garnelen, 8 Zitronenkeile und 4 frische Korianderzweige, zum Verzieren

Für die Soße

5 El Mayonnaise

1 Tl milde Currypaste (Asienladen)

1 El Tomatenketchup

1 Die Schale der Tomate anstechen und 20 Sekunden in kochendes Wasser tunken, abtropfen lassen, unter fließendem Wasser abkühlen und schälen. Die Tomate halbieren, entkernen und das Fruchtfleisch in grobe Würfel schneiden.

2 Eisbergsalat, Zwiebel und Koriandergrün dünn schneiden. Tomatenwürfel dazugeben, mit Zitronensaft beträufeln und salzen.

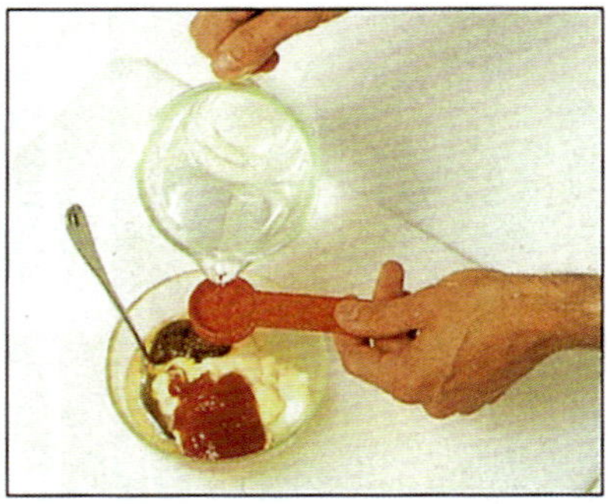

3 Für die Soße Mayonnaise, Currypaste und Ketchup in einer kleinen Schüssel vermischen. 2 El Wasser zugeben, verrühren und salzen.

4 Die Garnelen in die Soße geben. Den Apfel vierteln, entkernen und in die Mischung reiben.

5 Die Eisbergmischung auf 4 Teller oder Schalen verteilen. Die Garnelenmischung in die Mitte legen und je mit 2 ganzen Garnelen, 2 Zitronenspalten und 1 Korianderzweig verzieren.

KOCH-TIPP

Frischer Koriander welkt, wenn er nicht ins Wasser gestellt wird. In ein Glas mit Wasser geben, mit einer Plastiktüte bedecken und im Kühlschrank aufbewahren.

Garnelen-Pasta-Salat

Anchovis benötigen eine Soße, die zu ihrem Geschmack passt.

ZUTATEN

4-6 Portionen

4 Anchovisfilets, abgetropft
4 El Milch
225g Tintenfisch
1 Tl gehackte Kapern
1 Tl gehackte Gewürzgurken
1-2 gepresste Knoblauchzehen
150 g Naturjogurt
2-3 El Mayonnaise
2 El gehackte, frische Petersilie
2 El gehackter frischer Basilikum
350 g Fusilli (Spiralnudeln)
350 g gekochte, geschälte Garnelen
Salz und frisch gemahlener, schwarzer Pfeffer

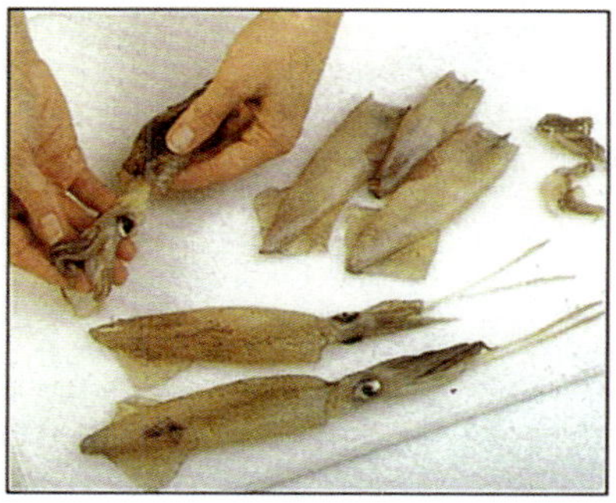

1 Anchovis in einer Schüssel mit Milch bedecken, 10 Minuten ziehen lassen. Kopf von den Tintenfischen ziehen, harten, durchsichtigen Chitinteile aus dem Körper ziehen, Außenhaut mit den Händen abziehen, Fangarme vom Kopf abschneiden unter kaltem Wasser abspülen. Körper und Arme in 5 mm dünne Scheiben schneiden.

2 Für die Soße Kapern, Gewürzgurken, Knoblauch, Jogurt, Mayonnaise, Zitronensaft und frische Kräuter in einer Schüssel mischen. Anchovis abtropfen und hacken, mit den Gewürzen zu der Soße geben.

3 Tintenfischscheiben in einen Topf mit kochendem Salzwasser schütten. Die Temperatur reduzieren, 1-2 Minuten köcheln, aber nicht überkochen lassen, der Tintenfisch wird sonst hart. Mit einem Schaumlöffel herausnehmen. Die Pasta im gleichen Wasser nach der Packungsanleitung kochen. Gut abtropfen lassen.

4 Garnelen und Tintenfisch mit der Soße in einer großen Schüssel vermischen. Pasta dazugeben, vermischen und sofort servieren. Oder abkühlen lassen und als Salat servieren.

Index